如何管员工才会听，怎么带员工才愿干

博群 / 编著

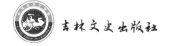

吉林文史出版社

图书在版编目（CIP）数据

　　如何管员工才会听，怎么带员工才愿干 / 博群编著 .
-- 长春 : 吉林文史出版社，2019.2
　　ISBN 978-7-5472-5979-5

　　Ⅰ . ① 如… Ⅱ . ① 博… Ⅲ . ① 企业领导学 – 通俗读物
Ⅳ . ① F272.91-49

中国版本图书馆 CIP 数据核字 (2019) 第 037121 号

如何管员工才会听，怎么带员工才愿干
RUHEGUANYUANGONGCAIHUITING，
ZENMODAIYUANGONGCAIYUANGAN

编　　著　博　群
责任编辑　张雅婷
封面设计　末末美书
出版发行　吉林文史出版社有限责任公司
地　　址　长春市福祉大路出版集团 A 座
电　　话　0431-81629353
网　　址　www.jlws.com.cn
印　　刷　天津一宸印刷有限公司
开　　本　880 毫米 × 1230 毫米　1/32 开
印　　张　8
字　　数　134 千
版　　次　2019 年 2 月第 1 版　　2019 年 2 月第 1 次印刷
定　　价　36.80 元
书　　号　ISBN 978-7-5472-5979-5

前言

PREFACE

19 世纪法国伟大的军事家、政治家拿破仑说过："不想当将军的士兵不是好士兵。"现代管理学中，这句励志名言渐渐演变成"不想当领导的员工不是好员工"。然而，领导这个位置并非人人都能胜任。因为无论是对将军还是领导来说，它都不仅仅是一个职务或头衔，而是需要强大的责任心和管理能力。

权力越大，责任就越大，这是每个企业领导者都要明白的管理准则。很多时候，员工的追随并非因为领导者手中的权力，而是因为他为整个团队承担责任和义务。如果领导者对"管理"二字的理解有了偏差，管理过程必然会出现问题。

管理理念一旦出现偏差，最直接的后果就是管理效能低下，说白了就是：员工不听话，不再追随你。对领导而言，没有了下属员工的追随，就好像战场上的将军没有了士兵，成为名副其实的"光杆司令"，这是所有管理者都不愿意看到的。

那么，作为企业的领导者和管理者，如何在管理过程中提升自身的领导力和管理能力呢？如何管理才能让下属心甘情愿地追随呢？

这需要管理者不断完善和提升自己。比如，对企业发展方向的洞察，对于制度不确定性的决断，对于企业愿景和价值观的沟通，对于员工工作状态的激励和奖惩，等等。这些能力并非随着领导职位而来，而是体现在管理的过程和细节之中。

员工心目中的"公平"如何理解、如何体现？企业制度的制定，如何在兼顾大多数员工的情况下保证执行力？如何进行有效的目标激励？如何在企业遭遇困境时，让员工愿意追随自己往前冲？在员工竞争、责任授权以及奖惩激励上，如何权衡利弊？如何在严格、高效的管理过程中让员工体会到企业的关怀和温暖？

这一系列问题，如果管理者心中有了答案，必然会在管理工作中做到得心应手、游刃有余。管理过程中，你不仅会得到员工的接受和支持，还会进一步收获员工的追随和忠诚。

本书从制度、执行、愿景、授权、激励等方面论述了"如何去管、去带员工"这个问题。在论述过程中，作者处处结合实际，紧扣案例，力求帮助读者看透管理奥秘，针对具体问题提出应对措施，真正掌握管理艺术，成为具备领导力和领袖魅力的优秀管理者。

目录

CONTENTS

辑 A   管理标准化，人人都听话

第 1 章   建立团队公约：制度是团队管理的根基

一个团队要想拥有高效的执行力和强大的战斗力，必须有一套行之有效的管理制度。科学、严谨和完善的制度体系，是保证团队正常运转的基石，同时也是管理者规范团队秩序的准则和工具。管理者必须制定出完善的制度，并且让它获得员工的普遍认可，成为团队公约。

在管理过程中，制度不仅仅是写在纸上的，更应该写在每个团队成员的心里，这也是每个管理者所要达成的最终目标。

第 2 章   塑造领导力品牌：提升领袖力，打造管理公信力

自然界中，环境因素的多变性决定了适者生存的基本原则，对于企业而言，同样也是如此。任何团队都可以被看作一个有机体，领袖既是企业的神经中枢，更是做出最终反应的神经末梢。

强大的领袖力意味着超强的掌控力，而掌控力的来源只有一个，那就是管理过程中体现出来的公信力。这种力量来自管理者的身体力行，并且能够深入每个员工的内心。只有具备强大掌控力的领袖，才能带领企业团队在瞬息万变的商战中随时调整策略，化险为夷，最终驶向胜利的彼岸。

第3章　以公平为准则：一碗水端平，让员工无话可说

一个人有一个人的品质，一个企业也有一个企业的品质。在诸多优秀品质之中，公平是最底层的基石，关系到企业的稳定和人心的聚散。

企业管理者一定要意识到，自己的个人品质其实就是企业品质的一面旗帜，管理过程中要把"公平"二字贯彻到每个细节，做到这一点，才能要求团队成员养成其他的品质。每位企业管理者都要从企业生命的高度看待"公平"，努力为企业品质建立一座标志性的基准牌。

第4章 小惩大诫：以罚警心，有过必纠

一个团队有了制度，有了执行力和公正公平原则的需求，接下来就必须要有相应的奖惩措施体现制度和公平。惩罚作为一种负激励手段，每个管理者要学会灵活运用。

常言道"良药苦口"，如何权衡惩罚手段的利弊，关系到团队的士气和向心力。好的惩罚措施，不仅能够保证制度的公正执行，同时也要有足够的制约和警醒作用。所谓惩前毖后，奖惩永远不是目的，目的是强化管理效果，增强团队的战斗力。

辑B 管理激励化，员工干劲不会差

第5章 目标激励：共同愿景，引出强大凝聚力

众所周知，人们不会追随一位连自己要去哪里都不清楚的领袖。企业领导者和管理者的领袖力，首先体现在对企业愿景的确立上。一个企业如果没有前景的吸引，就无法形成强大的凝聚力。优秀的领导者和管理者必然是在企业发展蓝图上描绘诱人图画的那个人。如同个人要有理想一样，企业也要有理想，企业的理想是企业所有成员为之振奋的奋斗目标。

领导者和管理者不仅要为企业建立梦想，还要把这份梦想分享给每位企业员工，最终形成共同的企业发展愿景。

第6章　责任激励：授权到人，激发员工内驱力

员工口中的糟糕领导通常只有两种：一种是什么都不管，另一种是什么都管。通常来说，企业做得越大，员工组织也就越庞大，管理者的能力再强，也不可能凭靠一己之力管理好企业，这就需要企业管理者懂得对下属进行授权。

授权的前提就是要让每个被授权的员工知道自己的工作责任，知道为自己的权利负责。在这个过程中，如何掌控权衡，最大限度地激发出下属的潜能，是每个企业管理者和领导者都要思考的问题。

第7章　竞争激励：培养危机感，消除疲沓和懈怠

一个企业的最大危机，就是没有危机感。在瞬息万变的信息化社会，各个领域的发展节奏越来越快，竞争越来越激烈。很多时候，一个小小的懈怠，就会导致企业发展陷入被动。

如何在日常管理工作中保持员工的警惕性和危机感，并且使其常态化、制度化？如何避免老员工的疲沓和新员工的迷茫？这需要管理

者学会施压。在管理工作中，主动制造危机感，给员工施加压力，本质上也是一种管理艺术。如果运用得当，它会起到事半功倍的效果。

第8章 情感激励：视士卒如爱子，故可与之赴深溪

"管理"二字不应是冷冰冰地发号施令和执行制度，而应该在严肃之中兼顾人性关怀。毕竟管理的精髓在于人心，只有发自内心的情感，才能真正激励员工。

从管理角度而言，对员工的激励方法有很多，情感激励是其中一种很重要的方法。对管理者来说，就是要学会像关心家人一样关心员工，以真挚的感情感动员工，让下属感动并信任你，愿意长期追随你。

第9章 利益激励：视员工为合伙人，建立共同利益联盟

领导者和管理者必须明白：一旦下属员工的表现卓越，符合企业期望，就必须立即给予相应的激励，使该行为得以强化和可持续，否则不仅员工可能会感觉心寒，甚至会形成负面榜样，影响到其他员工的积极性，对企业造成难以挽回的损失。

一个懂得运用利益激励的管理者，完全不必担心这种困扰。无论是奖金、福利、股权还是深造提升，对员工来说，本质上就是激励方式的不同而已。善于运用这些激励手段的管理者，永远都会让员工站在自己这边，与企业发展共进退。

PART ONE

管理标准化，
人人都听话

第1章

建立团队公约：
制度是团队管理的根基

一个团队要想拥有高效的执行力和强大的战斗力，必须有一套行之有效的管理制度。科学、严谨和完善的制度体系，是保证团队正常运转的基石，同时也是管理者规范团队秩序的准则和工具。管理者必须制定出完善的制度，并且让它获得员工的普遍认可，成为团队公约。

在管理过程中，制度不仅仅是写在纸上的，更应该写在每个团队成员的心里，这也是每个管理者所要达成的最终目标。

制度成为摆设，只会适得其反

常言道："无规矩不成方圆"，一个企业和团队要有相应的规章制度来约束团队成员。不少管理者热衷于制定繁杂详细的规章制度，导致各种规定层出不穷，但在实际执行时，由于考虑不周，许多规章制度根本没有办法执行下去，甚至还带来了不少负面效应。

小希大学毕业之后，如愿以偿地进入一家自己向往已久的专业性比较强的杂志社，但是上班没多久，她的心情就跌入谷底，其中的罪魁祸首就是办公室挥之不去的"烟雾"——二手烟。

原来，几位"元老"级别的老编辑烟瘾很大，几乎每个人在工作的时候都是烟不离手，他们这样说，如果不吸烟，他们就没有心情工作。因为办公场所是半开放的，于是，只要那几位老编辑在，整个办公室一天到晚都会烟雾缭绕，宛如仙境。

这可苦了那些女同事和一些不抽烟的男同事，一些年纪比较大的，忍了多年，已经麻木了。但随着年轻同事越来越多，大家的健康观念逐渐增强，二手烟泛滥的事情是他们所不能忍受的，于是多次向领导反映，希望那几位老编辑不要在办公区域抽烟。

二手烟的问题确实存在，之前一些来洽谈业务的客户也反映过这个问题，这引起管理人员的重视，立刻制定了新的办公室规章制度，其中一条就是"禁止在办公室吸烟"。

很多人非常赞同这一新的规章制度，但那几位老编辑开始头疼了。对他们来说，边工作边吸烟已经成为一种习惯，烟和茶水一样，是工作中不能缺少的重要组成部分。如果缺少了哪一样，工作起来总会觉得缺点儿什么。

对此，管理人员也表现出人性化的一面，规定指出，他们在想要吸烟的时候可以离开办公室，到去走廊里吸。

看上去，这个制度可以说是相当完美，既能满足像小希这样的年轻人拒绝吸二手烟的愿望，又能照顾老编辑的实际情况。然而没过多久，新的问题就出现了。

管理人员发现，自从颁布了办公室内不许抽烟的规定之后，在上班时间，几位老编辑不是在走廊里抽烟，就是在去走廊抽烟的路上。也就是说，他们没有足够的时间在工作！这可是大事，直接关系杂志社的营收！

而且，个别老编辑因为嫌出去抽烟浪费时间，竟然无视规章制度，重新在办公室喷云吐雾起来，理由就是出去抽烟影响工作效率。而在领导看来，工作效率这件事就等同于营收效益。在效益面前，领导让步了，默许了老编辑的行为。

领导这种睁一只眼闭一只眼的态度，让小希这些年轻的同事都愤愤不平。既然是制度，就是大家必须遵守的准则，一定要被执行。如果制度不能被人们遵守，对团队来说，就等于没有形成共同的行为准则，制定的制度还有什么意义呢？

接下来，事情开始朝着不好的方向发展——既然老编辑可以无视规章制度，其他人又有何不可呢？

小希和其他同事开始觉得，办公室的其他规章制度也不必那么死板地遵守了。于是，迟到、早退、上班时间看电影、打游戏、吃东西等行为越来越多，管理人员每次提醒这些人要遵守规章制度时，他们就会冲一旁喷云吐雾的老编辑一努嘴："要罚还是先罚他们吧。"

眼看所有的规章制度都要沦为废纸，公司管理开始滑向失控的边缘，管理人员一筹莫展，最后痛定思痛，专门给老编辑腾出一间办公室，才平息了众怒，原来的规章制度才开始被重新严格执行起来。

很多时候，管理者心中打的算盘是：制定好的制度，即便将来不能遵守，也不会有什么损失；一旦能够被执行，就只会有好处，不会有坏处。

其实，这种想法是错误的。如果一项制度不能被执行，对团队不是"没有损失"，反而是有百害而无一利。不少团队在成立之初就想到要制定严格的规章制度这件事情，但是却没有考虑过，有些制度看似简单，但执行起来却不是那么容易。

一旦大家认为制度中的某一项规定不能被执行，或者说是约定俗成大家可以不遵守的，势必会让其他规定变得缺少约束力。可以说，规章制度是一个整体，一荣俱荣，一损俱损。因此，制定不能执行的制度，不仅仅是"无法落实"这么简单，而且会给团队带来极大的负面影响。

此外，如果某项规章制度仅仅针对公司中的一部分人，其他人可以不遵守，情况则会更加糟糕。那些被规定束缚的人，无疑会失去更多的权利和自由，而那些不必遵守制度的人，显然要比遵守制度的人拥有着更多的特权。时间长了，这种特权会形成某种优越感，引起双方的对立，甚至在团队内部形成小团体，极大程度地破坏了团队的协作和凝聚。

所以，在制定规章制度的时候，我们一定要把规章制度能否被严格执行放在最重要的位置，其能否被执行取决于以下方面。

首先，制度的细化程度，决定了规章制度是否明确。如果规章制度并不明确，是模棱两可的，在解释的时候需要使用"大约""大概""可能"等词汇，执行时就会变得非常困难。

其次，可操作性是规章制度的根本所在。如果规章制度是建立在空中楼阁上的，不管是奖励还是惩罚，都是难以执行下去的。试想，如果一项规定执行与不执行没有什么区别，这项规章制度就完全没有威慑力，只能被人当成笑话。

最后，也是最重要的一点，要有明确的执行主体。这是规章制度最重要的组成部分，当有人违反了规章制度，需要受到处罚的人除了当事人之外，其他人是否还有连带责任，由谁来执行，必须给予严格的说明，否则就会大有文章可做。

不能执行的制度对团队有百害而无一利，所以我们在制定规章制度时要逐步地去完善，尽量避免出现制定后却无法执行的规定，也不要追求一步到位、一口气吃成胖子。

庖丁解牛

以人为本，让员工参与制度筹建

从制度诞生开始，人们就对制度有着不同的理解和看法。有些人认为规章制度是个好东西，能够让人们有条理地去做事情，做好的事情，而不去做那些不好的事情。但也有一些人不这么想，他们觉得制度就是限制他们自由的枷锁，是他们自由生活的阻碍，如果没有制度，生活将更加轻松、愉悦。

其实，创造制度本身的出发点是好的，但问题在于，没有一个制度在制定时能够做到面面俱到，了解它所约束的人的所有情况。因此，人们对制度才会有如此截然相反的态度。

那么，管理者在制定制度时，应该如何避免这个问题呢？

1889年，柯达公司的创始人乔治·伊斯曼先生收到一份建议书。这份建议书的内容很平常，是一位普通工人发现生产部门的窗子长期没有人负责清洁，厚厚的灰尘既不美观，又影响了采光。因此，他建议生产部门能够定期清洁他们的窗子。

这个建议本身是件小事，但是这位工人的行为却为乔治·伊斯曼先生提了一个醒。他立刻意识到，自己身为公司的负责人，不可能事无巨细地了解公司里的每一件事情，很多事情自己并不了解，但是下面的工人却非常了解。

"何不让最了解情况的人制定最细致的制度呢？"乔治·伊斯曼的脑中灵光一闪。

很快，他在大会上公开表彰了这位工人，还给他发了奖金，并借此机会在公司内部确立了一项用于完善既有制度的规定，后来被称为"柯达建议制度"。

这一制度具体是如何实施的呢？乔治·伊斯曼先生先是在公司摆放了一些空白建议表，方便每个员工随时取用。想到可能对公司发展有帮助建议的员工，可以将表填写好后放到公司邮箱，专门负责这件事情的秘书每天负责检查邮箱，整理之后送到相关部门进行审核、评价。

这期间，提出建议者随时可以打电话给审核部门，询问自己的建议的进度。

审核部门一旦通过某个建议，就会将这项建议加入公司的规章制度中来，并给提出建议者发放奖金。即使所提的建议没能通过，也会非常正式地给建议提出者发一个通知，告知他建议未能通过的原因。

在这之后，如果建议者认为审核部门所做出的决定不公正，可以向审核部门提供更多的依据，如果这些依据能够说服审核部门，那就可以让这个建议在小范围内进行试验，根据试验结果决定审核是否通过。

有些建议者担心自己所提的想法影响了一些人的利益，怕会遭到报复，匿名建议也是允许的。如果匿名建议被通过，审核人员会将该建议的编号放在公司的布告栏上。

很显然，这个制度本身就相当烦琐，为此，柯达公司甚至专门制作了员工手册，以帮助员工熟悉公司的建议制度。

在此后的一百多年里，这项建议制度为柯达公司提供的建议累计超过一百万条，虽然有些建议只是针对日常工作的小事，但也有些建议对公司影响深远。可以说，柯达公司百年长盛不衰，和这个建议制度是分不开的。

制度的存在，不是为了束缚他人的自由，也不是为了制造让人不舒服的规矩，更不是专门为管理层服务的。但是仅仅从一个角度制定规则，这个制度必定不会太完善，甚至可能会被人误解。只有人人都参与到制度的制定中来，它才有可能变成大家的制度，成为每个人都愿意遵守的制度。

此外，这种集思广益、群策群力的方式还有很多好处。

当团队越来越大时，只有不断完善制度，让规则变得越来越合理，才是团队发展的最终出路。要想达成这个目的，并不是简单的几个人就能够做到的，如果让团队的管理人员来做这件事情，也要花费大量的时间，占用大量的精力。如果能够利用每个人的智慧，让每个人都为制度和规则的完善添砖加瓦，事情就会变得简单很多。

如今，年轻人的跳槽越来越频繁，更多的是把工作当成养家糊口的手段。在这种心态下，很难对团队和工作产生感情。只有让每个人都参与到制度的制定中来，才能让他们明白团队不是某个人的，而是所有人的，这有助于培养员工的主人翁意识。

需要注意的是，要想让制度切实地运行下去，团队必须将人的才能放在第一位。有才能的人一定能够得到回报，得到提升。只有建立起这样的制度，才能给人以希望，让团队成员不断努力，达到自己的目标。

当然，建立建议制度只是一道门槛，如果操作不当，它很容易成为一种无用的形式。因此，必须要有相应的人才考核制度。谁是人才，谁有才能，不是靠谁说的，而是要有公平、公正的考核制度。一旦有了这样的制度，谁是人才，谁是庸才，就能一览无余。

说来说去，规则、制度最终是为人服务的。以人为本，是规则与制度建立的最终目的。我们建立的制度、规则，即便不能让所有人满意，也要尽量做到让大多数人满意。

制度的制定必须合情合理

制度二字，听上去冷冰冰的，但是从人性化的角度来说，制度的制定者必须考虑制度本身是否制定得过于严格、苛刻、不近人情。如果制度缺乏合理性，那么它在执行中往往会出现很多问题，严重影响员工的士气和工作积极性。

某手机销售公司制定了这样的员工销售考核标准：规定每月销售 100 部手机才能拿到当月的奖金。春节前夕，因为年终奖金等的影响，大众的购买意愿很强，大部分业务员很轻松地就能完成销售任务，拿到奖金，非常开心。

但是春节过后，市场进入手机销售淡季，不少员工虽然很努力地在工作，但是到月底时还是没有完成月销售 100 部手机的任务指标。不过，公司总经理根本不理会这些实际情况，依然扣发了这些员工的奖金。

这下员工们不满意了。"手机销量下滑不是我们的错，本来就是销售淡季……"但是，总经理依然我行我素。无奈之下，很多员工辞职去了别处，公司的业务发展因此受到巨大冲击。

很显然，上述公司的总经理在执行制度的过程中过于死板，没能适应实际情况，结果挫伤了员工的工作积极性，使公司业务受到巨大冲击。其实，如果他灵活一点儿，在淡季时降低销售标准，规定员工每月销售60部手机就可以领取奖金；在旺季时再提高标准，每月销售150部手机算达到要求，结果就会大不一样。

事实上，在企业制度的制定和执行过程中，管理者经常会犯一个错误，就是认为目标越高越好，制度越严格越好，这样即便员工没有做到完全实现和遵守，起码也能超出自己的预期。实际上，持有这种思想的管理者，过分依赖制度的目标和执行，认为只要制定了目标，员工就会达成，这种思想是有问题的。

管理者在强调伟大目标重要性的同时，必须牢记另外一件事情：制度的制定是一回事，执行和完成又是另外一回事。制度的意义在于明确做什么以及如何做。与其用严苛的目标和制度给员工增加压力，不如思考如何才能让目标和制度制定得更为合理，并帮助员工制定更加人性化的制度，共同探讨，排除障碍，让员工形成积极的工作动力。

如果做不到这一点，很难激起员工的工作积极性，道理很简单：比如，小明有一次数学考了85分，父亲对小明说："如果你能够考到98分，我就带你去香港海洋公园玩。"于是，小明很努力地学习，第二个月考了91分，第三个月考了92分;，第四个月努力后只考了91.5分。到了第五个月，小明就放弃了，他觉得98分太难达到了。

很显然，小明的父亲制定的这个奖励制度，明显地脱离了小明的实际，完全失去意义，也背离了制度的制定初衷，非但起不到奖励的作用，反倒会让小明出现消极情绪，是非常不可取的。

因此，对于任何一个组织来说，管理者必须结合企业和员工自身实际情况，在制定规章制度时做到合情合理。只有这样，才能让员工做到心服，产生激励作用。那么，怎样才算是合情合理呢？

首先就是做到适度，这关系到制度的有效性。规章制度是为解决问题而设立的，简单地说就是，要充分考虑员工的心理承受力，制定的标准既不能太松，又不能太严，使制度本身保持适度的弹性。标准制定得过松，达不到管理的效果；制定得过严，就超出了员工的能力范围，怎么做也达不到要求，干脆不干了，这样还不如不制定标准。

除了上面提到的制度制定要合理，还应根据具体变化情况完善标准，在制度执行中把握灵活的原则，不要将制度变成"死"的。当外部环境发生重大改变时，制度也应随之改变，这才是合理的做法，才能发挥员工的积极性，取得良好的效果，反之亦然。

有一个很有趣的故事，说的是古时候一个猎人养了好几条猎狗，为了让猎狗更积极地抓兔子，猎人制定了一套考核制度，就是以抓到兔子的数量决定猎狗分到的食物，抓到的兔子多，就多给吃的，抓到的兔子少，就只能吃一点点。

起初，这种做法发挥了很大的作用。猎狗为了得到更多的食物，拼命地多抓兔子，猎人每次捕猎都满载而归。但是随着时间的推移，问题就出现了。因为猎狗发现，大兔子越抓越少，抓起来要费劲很多，而那些相对小的兔子，就比较容易抓。既然大兔子和小兔子换来的奖赏都是一样的，只抓省劲的小兔子就好了。

慢慢地，所有的猎狗都发现了这个窍门。它们捕猎的时候，都争着抢着去抓小兔子，猎人只好眼睁睁地看着那些又大又肥的大兔子轻而易举地逃走，每次捕猎回来，只有瘦小的兔子，根本卖不上价钱。

很显然，这个猎人为他的猎狗所制定的制度是有漏洞的，他没有考虑到实际情况，使得自身管理出现问题，消减了猎狗的工作积极性，捉到的兔子自然就会越来越小。

总而言之，管理者要综合考虑多方面的因素，制定出合情合理的制度，这样才能科学化、系统化、人性化地管理员工，让员工心服口服，服从企业制度，服从公司管理，最大限度地激发员工的主动性和积极性。

密 臘 颗

正人先正己，制度才权威

这天早上，美国 IBM 公司迎来了一位"贵宾"客户，中东某国家的王储。因为事关合作项目，董事长托马斯·约翰·沃森非常重视，在谈判结束后，临时决定带这位王储参观工厂生产线。

没想到，一行人走到厂门口时，被两名警卫拦了下来。

"对不起，先生，您不能进去，我们 IBM 的厂区胸牌是浅蓝色的，行政大楼工作人员的胸牌是粉红色的，你们佩戴的粉红色胸牌不能进入厂区。"

董事长助理对警卫说道："这是我们的董事长沃森，难道你不认识吗？现在，我们正陪重要客人参观，请放行吧！"

警卫说："我们当然认识沃森董事长，但公司要求我们只认胸牌不认人，所以必须按照制度办事。"

虽然助理为了更换胸牌耽误了客户的参观时间，但是沃森并没有责怪警卫，而且奖励了他们。随后，警卫部则将这一消息通报了整个公司，从此不佩戴工牌、佩戴工牌不严肃的现象，再也没有发生过。

可见，制度面前没有特权，制度约束没有例外。只有做到这一点，才能创造一种公平的企业氛围，有效保证规章制度的执行力度，让每个员工都能感觉到自己得到公平的待遇，从而自觉地维护制度的严肃性、权威性。

许多企业管理者热衷于把精力放在"管人"上，却忽视了自身的管理。比如，要求下属不许迟到，自己却经常在开会时姗姗来迟；希望下属多加班，自己却早早地脚底抹油溜之大吉；要求下属严格执行制度，自己却常常找理由、搞例外，等等。这样的做法，不仅不能服众，还会使制度的权威性大打折扣。

身为企业的领导者和管理者，一定要做到带头遵守制度。这不仅能为自己的领导力加分，也能带动下属严格遵守制度。制度有没有威力，能不能让人敬畏，关键在于管理者能不能使制度对每个当事人都具有相等的效力、相同的威力。

当托马斯·约翰·沃森身为IBM董事长，却依然在警卫面前严格遵守公司制度的时候，他对于制度的尊重，已经在无声无息中悄然影响着公司的每个人。在这件事情之前，总有一些人违反制度，不佩戴工牌，或者混用工牌，这给警卫工作带来很大的麻烦。在这件事情之后，违反工牌制度的事情，再也没有发生过。

孔子说过："其身正，不令而行；其身不正，虽令不从。"意思是说：如果管理者能够严于律己，不用下命令，被管理者也会跟着行动起来；相反，如果管理者自身不端正，却要求被管理者端正，纵然三令五申，被管理者也绝不会服从。

日本"最佳"电器株式会社社长北田先生，为了培养员工的自我约束能力，创立了一套"金鱼缸"式的管理方法。也就是说，所有的制度都透明化，从董事长到底层员工，每个人都置于众人的监督之下。

他解释说，员工的眼睛是雪亮的，领导者的一举一动，他们都看在眼里，如果谁不能做到以身作则，员工知道了不但会瞧不起你，还会不把制度放在眼里。作为企业的管理者，主动把自己置于透明的管理监督之下，就是为了让大家看到管理者对于制度的尊重。

我们不妨看看那些管理水平优秀的企业，他们在落实规章制度时往往不会有任何例外，领导违纪与员工一样受罚，保证制度面前人人平等，不允许有不受制度约束的特殊人，即便是董事长违纪，也要加以惩治，绝不手软。

因此，从本质上说，领导力并不是管理别人，而是自我管理，当管理者把自己管好了，别人就再也找不到不服管的借口了。从"不正"到"正"的过程，说白了就是领导者带头遵守制度的过程。

管理的目的不是管理他人，而是认清自己、改善自己，这样下属才能信任你，愿意跟着你共事。当你能够把自己管好的时候，你会发现管理已经水到渠成，几乎不用再费心思和精力，下属就会自愿听从。这是因为你已经用自己的行动影响了他，带动了他。

总之，如果你志在成为一个好的管理者，请先从自律开始吧。提升领导力的过程，就是管理者不断完善自身的过程。无论你是刚登上领导岗位，还是一个具有多年经验的管理者，又或者是某家公司的 CEO，如果你想要拥有强大的领导力，就要学会自律，学会自我管理。

在制度上"通融"，小心"蝴蝶效应"

"一只南美洲亚马孙河流域热带雨林中的蝴蝶，偶尔扇动几下翅膀，可以在两周以后引起美国德克萨斯州的一场龙卷风。"其原因就是，蝴蝶扇动翅膀的运动，导致其身边的空气系统发生变化，并产生微弱的气流，而产生的微弱气流又会引起四周空气或其他系统产生相应的变化，由此引发连锁反应，最终导致其他系统发生极大变化，这就是气象学家口中的"蝴蝶效应"。

很多时候，初始条件十分微小的变化，经过不断放大，对其未来状态会造成极其巨大的影响。"蝴蝶效应"在管理工作中同样存在，一些小事看上去通融一下无关大雅，但一旦经过系统放大，则会对团队或组织造成致命性的重大影响。

春秋时期，各国之间征战不休，任何一个国家想要强大，拥有足够的子民是必不可少的。孔子的故乡鲁国就有这样一条规定：如果鲁国人在其他国家看见本国人被贩卖成为奴隶，可以花钱把人赎回来，然后由政府报销。在当时，鲁国政府的行为可以保持国内的人口数量，更可以增加国民的凝聚力。

孔子的众多得意弟子中，有一个人名叫端木子贡，是孔门十哲之一。他才思敏捷，富有才干，拥有非常好的口才和上进心，并且非常擅长经商。一次，他外出行商，在其他国家看到鲁国的子民被当成奴隶，于是就花钱将这几个人赎了回来。按照规定，他应该去找鲁国政府，要回自己花费的钱，但是由于他身家颇为丰厚，就没有去报销所花费的金钱。

后来，他在孔子面前提起这件事情，认为自己这次做的事情大义凛然，慷慨大方，孔子一定会夸奖自己。没想到，孔子不仅没有夸奖他，还训斥了他一顿。就在子贡满腹委屈的时候，孔子对他说："你擅长经商，家财万贯，看不上那点儿钱财，但是其他的鲁国人可比不上你。你将这件事情做得大义凛然，因为你没有经济压力，其他的鲁国人呢？你不肯拿政府的钱，其他人自然也不好意思拿，而让他们自己花钱去赎人，又会让他们在经济上遇到困难。那么，以后鲁国人在国外看见沦为奴隶的子民，还会愿意花钱去赎吗？"

规则就是这样。每个规则的制定都需要有长足的远见，要以大局为重，个人行为有些时候看似无伤大雅，但是如果本质上与规则相悖，未必就能有一个好的结果，甚至会带来毁灭性的打击。

小敏在一家公司做商务，每天要处理公司销售部门上报的业绩数据，根据不同部门的要求整理成表之后转交给相关部门。因为很多内部文件涉及商业机密，公司里的许多办公室配备了碎纸机，小敏的办公室也不例外。公司规定，所有的数据表格文件等必须要用碎纸机进行销毁，禁止手撕，更禁止任何文件外流。

因为工作比较繁忙，小敏经常把需要销毁的文件集中放在一个地方，然后每天抽一个不太忙的时候集中销毁。因为碎纸机的工作效率有限，文件一多，销毁要花费不少时间。因此，小敏就把一些内容很少或者不牵扯敏感数据的文件留下来，在背面打印其他文件或者留作他用。小敏觉得这样做，也为公司节约了纸张，他的主管张威说过一两次之后，也默许了这件事。

有一次，公司参与市政采购的一个大项目，招标期间，有两家实力强劲的竞争对手参与。公司非常重视这个项目，那段时间每个人都经常加班。但是，后来销售部负责竞标的主管发现，公司的产品参数和报价在竞标时非常被动，经常被另一家对手公司以微弱的优势打压，似乎对方非常了解自己产品的关键参数和底价。

这件事情被上报之后，引起领导的高度重视。公司经过一系列调查取证之后，发现问题出在商务部门，竞争对手买通了公司所在大厦的物业清洁人员，花钱购买每天从公司清理出去的垃圾，从中获取一些重要文件和信息。而小敏所在的商务部门，是信息泄露最为严重的，主要原因就是小敏日常没有严格按照规定销毁文件。

事后，根据责任划分，公司开除了商务人员小敏，小敏的领导因为在发现小敏的违规行为之后姑息通融，也受到很重的处分。其他竞争对手的不正当竞争行为，公司将其上报公安机关另行处理。

很多时候，人们判断一件事情的好坏往往不是根据是否违反了规定，而是根据事情的大小，甚至是出发点的好坏。有些时候，一个不起眼的细节，可能大家都觉得虽然违反了规定，但是无伤大雅，含糊一下就会过去，结果却会引发严重的后果。

对于一个企业来说，规定就相当于团队的法律，虽然不具备法律那样的强制力，但也是不能违背的。不管违反规则的人的出发点如何，违反了规则，绝对不是什么好事。即便有些时候看起来结果不坏，但从长期来看，造成的影响也是非常糟糕的。

规则是用来遵守的，不是用来打破的。不管是多么细微的小事，只要破坏了规则，就一定会产生影响，这个影响在适当的时候就有可能演变为"蝴蝶效应"，给团队和组织带来严重后果。

所以，对于一个团队而言，所有的成员都要遵守规则，尊重规则。即便每个人都会犯错，但是我们绝不能轻易犯错，更不能因为"人情"或者是"通融"而明知故犯。不管你是为了别人还是为了自己，不管规则规定的是奖还是罚，都要严格遵守。

古人说过"勿以恶小而为之"，其实也是这个道理。只有大家无论大事小事都严格遵守规定，才能真正解决问题。管理团队同样如此，不能因为违反规则的人可以"通融"就不进行处罚，也不能因为违反规则的人没有造成什么严重后果就此放过。不管出发点是什么，不管情节严重与否，错了就是错了，如果在规章制度问题上讲"通融"，一定会自食恶果。

第2章

塑造领导力品牌：
提升领袖力，打造管理公信力

自然界中，环境因素的多变性决定了适者生存的基本原则，对于企业而言，同样也是如此。任何团队都可以被看作一个有机体，领袖既是企业的神经中枢，更是做出最终反应的神经末梢。

强大的领袖力意味着超强的掌控力，而掌控力的来源只有一个，那就是管理过程中体现出来的公信力。这种力量来自管理者的身体力行，并且能够深入每个员工的内心。只有具备强大掌控力的领袖，才能带领企业团队在瞬息万变的商战中随时调整策略，化险为夷，最终驶向胜利的彼岸。

要员工怎么做，自己要先做到

如何管理好员工，让员工严格按照公司的要求去做，并且做到最好，是所有企业管理者最关心的问题，也是最为头疼的问题。

很多人总是认为，带团队首先要学会管人，如果连下属都管不好，团队肯定没有战斗力。其实，这是很多管理者对于"管理"二字理解的误区所在。很多时候，管理团队，重点不在于如何管理别人，而在于如何管理自己。

电视剧《亮剑》中，李云龙大字不识几个，还一身臭毛病，但就是这样的一个人，竟然带出一支所向披靡、攻无不克的军队。这是什么原因呢？就在于李云龙没有把自己当作"管理者"，而是身先士卒，用自己的一言一行带动大家。

冲锋时，他不顾安危，冲在最前面；面对比己方多几倍的敌军时，他沉着冷静，不轻易后退半步；被敌人包围时，他与战士同生共死，最后一个下战场……

可以说，李云龙的成功就在于他把"身先士卒"这句话做到了极致。试想，如果李云龙在面对困难时自己先乱了阵脚，手足无措，他手下的士兵还能视死如归、奋勇杀敌吗？

某网站曾经做过一次针对领导者的投票，这次活动有13000 多人参加，结果显示，员工对于领导者有较高的期望，希望他们能够拥有独特的个人魅力、平易近人等。在领导者激励措施一项中，95% 的人选择了"上司的敬业勤勉为员工做好榜样"，远远超过 3% 的"金钱奖励"、1% 的"领导夸奖"等其他选项。

投票结果显而易见：管理者以身作则、做员工表率是员工最看重的一项领袖特质，也是最有效的管理方法。

以"为发烧而生"为企业理念的小米集团，短短几年已经建成全球最大消费类物联网平台。2017 年第四季度全球手机销量的排行中，小米列为世界第四，创造了 97.4% 的增长，不能不说是中国科技企业的一大奇迹。

这些成就都是小米集团的领军人物雷军，带领着一支年轻的团队所取得的成就。在团队管理上，雷军没有采用当前企业流行的"关键绩效指标考核法"，而是采用自己独特的管理模式。

在他看来，创业初期，对员工的要求之一就是要有创业心态，对所做的事情要极度喜欢。有了这样的心态，员工才会有更高的主动性，实现自我燃烧，不一定非要设定一堆管理制度或绩效考核标准。

那么，如何才能让员工具备这样的心态呢？雷军的做法是：让员工成为自己的粉丝，成为小米的粉丝。他曾在中央电视台经济频道的一档节目中曝光过自己的日常状态：一天开 11 个会议，坚持每天工作 16 个小时，3 分钟吃完一顿饭。这一切都是为了让自己能够更加投入地开发产品，思考产品。

可以说，雷军身上表现出来的这种"热爱"，深深地影响了他的员工。在他的带动下，小米内部形成一种高效、快速的工作气氛。更重要的是，他把这份对企业的热爱，播种到每个员工的心中。

经常有小米公司的员工爆料，在加班到凌晨两点时，他们还能在办公室里看到雷军的身影，这让雷军在业内获得"IT 劳模"的称号。此外，有人也经常在飞机的经济舱看到出差的雷军，以他的身份完全可以坐商务舱，可他坚持坐经济舱，理由就是：坐商务舱对我们的产品有任何好处吗？没有，那就没有必要坐。

如此简洁又饱含深意的回答，深深地影响了小米的每一名员工。雷军正是身体力行地默默影响着他的团队，这才是管理的最高境界。事实上，小米内部虽然没有打卡制度，但小米的员工往往是"朝十晚十"，大家把精力都投入产品中，爆发出极强的团队战斗力。

日常工作中，管理者的一举一动都是员工目光追逐的焦点。我们常常会遇到这样的情况：同一公司，不同的管理者，在员工那里的"人气"是不一样的。有的管理者非常受人欢迎，他布置的任务，大家抢着去做；而有的管理者则众叛亲离，他布置的任务，大家要么逃避，要么消极怠工。

为什么会这样呢？原因就在于，有些人像李云龙那样用行动使自己成为下属的榜样，而有些人则是"有困难你上，有功劳我上"。常言道，"群众的眼睛是雪亮的"，那些专门畏难抢功的管理者，怎会有人愿意追随他呢？

真正懂得领导的管理者，心里都明白一个道理，要想让下属做到，自己要先做到。管理者希望自己手下有能干的下属，将心比心，下属自然也希望自己能够有个能干的领导。只有这样，下属才会觉着跟着管理者干有前途，才会死心塌地地跟着管理者做事。

反过来说，如果管理者拿自己都做不到或是不愿做的事情要求下属去做，没有任何的说服力，更不用说形成管理者的影响力了。作为管理者，有时你讲一些话，大家不爱听，不是这些话不对，而是你没有资格讲，因为你自己都做不到，凭什么要求别人呢？

小米集团的雷军，正是身体力行地展现出自己对企业的热爱，以及认真拼命工作的态度。他没有刻意地向员工灌输这些观念，却在不知不觉中激发了团队对企业的热爱，甚至是铭刻于心的理念："在成功的路上，其实只有这一个秘诀，那就是认真拼命地工作。"

正所谓身教大于言传，有效实行一次比说一万句还要管用。那些失败的管理者，有一个共同的特点，就是：自己做得一塌糊涂，却总想对别人指指点点。这样是不可能得到别人认可的，只有当管理者成为员工的榜样时，才会发现管理竟然如此简单。

宽严相济，铸就领导力

一提到企业管理者，人们往往有这样一种思维定式：如果一个管理者对下属要求严格，处事大刀阔斧，即使工作方法粗一点儿，也被认为是个好的管理者，容易获得更多的粉丝。反之，则被认为"没魄力"，即使工作表现不错，和下属相处融洽，往往也不被人赏识，不能被委以重任。久而久之，管理上的宽松和严格成了评判管理者优劣的一个标准，事实真的是这样吗？

对于管理者而言，严格要求下属员工，是其职责所在；宽容对待下属员工，则是其温情所在。如何把握二者的尺度，权衡利弊，不得不说是领导和管理的艺术。

比如生活上，管理者应宽容，营造宽松的领导和被领导的关系，积极打造亲情氛围，提高员工的积极性；而在工作上，则一定要严格要求，这是至关重要的。工作上严格要求，赏罚分明；生活中多关心员工，尤其那些需要帮助的员工，建立友善、快乐、合作式的上下级关系，而不是简单的命令与被命令式的关系。只有做到这样，上下级之间的关系才有可能和谐，做到及时沟通，互相理解，铸就领导力。

张良有着光鲜的履历和出众的能力，可以说是一个温文儒雅的谦谦君子，和他聊天，你永远觉得沐浴春风。他会记得你的生日，并在那天给你发送祝福和红包；从大阪旅行回来，他会给每个人都带一份小礼品；对于工作不达标的下属，他会耐心开导安慰，也会在众目睽睽之下为顾全员工的面子，把到嘴边的批评、指责咽进肚子。

　　几个月之前，张良经过深思熟虑，决定创业。他的创业项目是大家一致看好的，都觉得他这次创业可谓水到渠成。

　　然而短短三个月之后，张良的创业就以失败而告终，原因在于，他带不好团队，公司管理层一团乱，创业思路和创业意图得不到严格执行，效率极其低下。

　　按理说，张良这样一个人，应该是人见人爱吧？他的公司管理都出了哪些问题呢？

　　首先，很重要的一个原因就是：张良坚信，在自由、宽松的环境下，更有灵感，更有效率。所以，员工的上下班时间由他们自己决定：在完成任务的前提下，想来就来，想走就走。这样一来，公司的每个人都很舒服，都喜欢他，拿他当朋友，而他的项目也在松散的管理和每天嘻嘻哈哈的工作氛围之下慢慢地被消磨掉了。

　　我们只能说，张良这样的老板是个好人，但不是一个好的管理者。你只有菩萨心肠，却没有霹雳手段，这样的大好人带出来的团队经不住考验。

　　要知道，带团队不是请客吃饭，嘻嘻哈哈、舒服安逸不会有执行力，温良恭俭、皆大欢喜不会有战斗力。你要做到宽严相济，该严的时候就严，不能放纵纪律，不要对制度宽容，这是对员工的不负责；还要帮助员工成长，提升收入，获得更体面的生活，这才是对员工最大的负责。

企业管理者在管理过程中一定要本着宽严相济的原则。太宽松了，下属不当回事，选择性忽略，很容易被惯坏。但如果太严了，下属整天心惊胆战、心神不宁，对事情往往是表面顺从、实际反抗，因此，宽严得宜，恩威并重，才能收到事半功倍的效果。所谓宽严相济，并不是说恩威各占一半，而是依具体情况而定，该宽的宽，该严的严。

212—214 年，刘备、诸葛亮从刘璋手中夺得益州，谋臣法正劝其效仿秦末刘邦入咸阳的"约法三章"的做法，宽刑法、施恩惠，以收人心；但诸葛亮在深入了解之后发现，此时入蜀与当年汉高祖刘邦入咸阳的情形已大相径庭，当年秦政严酷，民不聊生，采取解压松禁的政策正好顺应民心；而此时刘璋暗弱，蜀中人心散漫，豪强横行不法，必须用重典、惩不法、整纲纪才是对症下药。

果然，经过一段时间的严刑峻法之后，诸葛亮治下的益州出现"吏不容奸，人怀自厉，道不拾遗，强不侵弱，风化肃然"的社会景象。可见，针对不同时期的政治形势，应该采取不同的施政对策，不能盲目照搬，否则就会宽也误、严也错，与我们的管理目标南辕北辙。

真正聪明的管理者，懂得灵活掌握管理尺度，比如执行上严，讨论上宽；运营上严，创新上宽。这样的管理智慧，其实是更深层次的能力体现，是一种让下属心甘情愿跟随你的能力，甚至与职位高低、权力大小都没有关系，这便是传说中的"领导力"。

这样的领导力非常值得人们深思。那些工作中雷厉风行、生活中如沐春风的领导，不仅会给员工带来事业上的成功，同时也是他们生活中的益友，为员工带来幸福生活。正所谓"霹雳手段、菩萨心肠"，这就是管理过程中"宽严相济"的高明之处，也是卓越领导力的根源所在。

以谦卑的姿态领导员工

伟大的先哲孔子说过："三人行，必有我师焉。择其善者而从之，其不善者而改之。"意思是说，几个人在一起，必定有值得我们学习的人，要虚心学习别人的长处，把别人的缺点当作一面镜子，看看自己是否也有类似的缺点和错误。如果有的话，就该立即改掉，没有的话更好。

生活在几千年前的孔子，尚能悟出这样的道理，作为后人，我们怎能不虚心听教呢？作为企业的领导者和管理者，我们应该本着不耻下问的谦卑态度管理员工，对员工的意见，好的就去学习，不好的也要指出，如此才能抓好下属的心，与员工站在同一战线上。

毕竟，企业管理的本质是让管理政策更加贴近员工，最终服务员工。员工比管理者更了解工作实状，他们的想法大多有可行之处。当你思考了很长时间也想不出好的办法时，要多与员工接触，你就会发现更多的智慧和经验，或许会在瞬间找到解决问题的方法。

李开复是微软集团第一个华裔副总裁，他对比尔·盖茨十分崇拜。在他看来，比尔·盖茨让 IT 行业迈入新纪元，他为 IT 行业做出的贡献简直可以称为神话般的存在。

李开复为何如此欣赏和崇拜比尔·盖茨呢？他举了这样一个例子："我有一个朋友在微软，他的工作就是帮助比尔·盖茨准备演讲稿。这个朋友告诉我，比尔·盖茨每次演讲之前，都会自己先对演讲稿进行批注，并且认真地练习。所以，比尔·盖茨的演讲都会圆满地结束，说得十分好。每次比尔·盖茨演讲结束后，都会下来和我的朋友交流，问他'哪儿讲得好''哪儿讲得不好'，他会拿个本子记下自己哪儿做错了，下次应该注意什么。"

李开复觉得，像比尔·盖茨这样身居高位、无比成功的人，却能够如此注意细节，如此谦虚，愿意学习，这是十分难能可贵的。因为很多人成为企业领导者之后，往往会不可避免地陷入自我膨胀，变得高傲自大，觉得自己是个了不起的人。这样的人，其实很难进一步提升自身的威信和领导力，身上缺少谦卑的精神。

那什么样的企业管理者算是成功呢？无疑是要像比尔·盖茨一般，拥有谦卑的心态。李开复说："如果没有比尔·盖茨强，那么就没有理由去骄傲。"有句话叫作"金无足赤，人无完人"，意思是说，人是没有十全十美的。作为企业的领导者和管理者，必须清楚：管理者也是普通人，他们在处理问题的时候，不会什么都明白，要通过一步步的学习，才会提升自身综合素养。

身为企业的领导者和管理者，对待工作的时候，要拿出比一般员工更谦卑的态度，多多学习别人的长处，为自己积累经验，增进自身才能，只有这样，才能到达更高的巅峰。如果企业领导者自以为是，对员工的意见不管不问，最后就会发现，自己正一步步地失去权威和下属的支持。

孔子还说过这样一句话："四时行焉，百物生焉，天何言哉？"意思就是指，天之于万物，虽然居功至伟，但却从不夸耀自己。作为企业的管理者，要明白"尺有所短，寸有所长"，不应该四处炫耀自己的本事，而应该谦逊好礼，多虚心地向下属和其他人学习请教，面对员工指出来的缺点，要虚心悔改，把员工的建议放在心上。

谦卑是一种智慧，是为人处世的黄金法则。懂得谦卑的人，必将得到人们的尊重，受到世人的敬仰。我们经常发现：级别越高、职权越大的领导，就越是显得有亲和力、有亲切感，感觉越容易亲近；越是造诣很深的人，越是朴素随和；越是成功的人，越具有素养，懂得尊重别人、能够包容。总之，地位越高，姿态越低。

曾经有位管理者说，他的能力和智慧都一般，但是有一点是其他人无法比的，那就是他能把比自己聪明的人留在身边做事，这和他的性格有很大的关系。他的管理较为宽松，员工可以自由地将他们的建议提出来，不会因为和公司领导上下级的关系，察觉到了上级的缺点却不敢去说。员工会勇敢地说出自己的意见，这位领导人也会虚心听取，以至于整个公司凝聚成一团。这种虚心向下属学习的精神，真的能够让员工产生敬意。

"当局者迷，旁观者清"，说的就是，当一个人处在混沌之中时是很难察觉到自己的缺点的，而外人却能很容易地发现问题所在。同样，企业管理者想要发现自身的缺点很难，但员工会看得透彻，提出来的建议也都是精华所在。所以，企业管理者应该将员工的建议放在心上。

有担当，才是最大的格局

失败是成功道路上不可避免的，因为成功是终点，而失败是成功必经的过程，所以我们常说："失败是成功之母。"但是对于团队成长和企业发展而言，有失败就有错误，有错误，就有需要为这个错误负责的人。那应该负责的这个人是谁呢？

当一个团队失败的时候，团队中的有些人有错，有些人没错，但是团队领袖一定要明白：没错的这部分人绝对不包括自己。任何一个团队成员的错误，都是团队领袖的错误。既然已经犯错了，就要让这个错误变得有价值，勇于担当，学会替下属背黑锅，这也是一次难得收买人心的机会。

小江在某物流公司工作了几年，从一个新人逐渐成为可以独当一面的"老人"。大家都觉得，眼下即将退休的上司退休之后，这个位置很有可能就是小江的。可是事与愿违，上司退休之后，总公司直接空降了一个领导，成为他的新上司。

这个新上司姓苏，同事们都叫他老苏。他做事认真，眼睛里不容沙子，又是个火爆脾气。这就导致不管什么时候他看见有人偷懒就会破口大骂，没有按时完成任务也会破口大骂，事情做错了还是破口大骂。自从老苏来了以后，团队中的气氛非常压抑，平日说说笑笑的情况消失了，每个人工作的时候都板着脸。小江因为不理解总公司为什么不提拔他，加上又被老苏骂了几次，对这个新上司十分抗拒，觉得他除了喜欢骂人，并没有什么本事待在领导的位置上。

不过几天后的一件事情改变了大家的看法。有一批货物因为小江和同事们错估了它的体积，导致运力不足，最后赔了一大笔钱。地区负责人得知这件事情以后，怒气冲冲地找上门来，对整个分部的人破口大骂。

小江和其他几个同事觉得这下肯定要挨罚了，因为这件事情本来就是小江和其他几个人自作主张，老苏根本就不知道。小江在挨骂的时候，已经做好被老苏落井下石的准备了，毕竟这段时间他们没少给老苏"上眼药"，更没把老苏当成他们的同事。

但让大家没想到的是，老苏听到地区负责人的话居然跳起来说："你这是什么态度，我们分部有错，我是领导，我会给你个交代，你要罚罚我就行了，这事跟大家无关！"

这是让大家万万没有想到的。这么一件完全与他没关系的事情，他居然一个人扛了下来。小江甚至怀疑，这是不是老苏在搞什么阴谋诡计，玩苦肉计？

结果什么阴谋都没有。老苏把区域负责人赶走以后，召开了分部会议。会议上，他仍然是一贯的作风，把大家狠狠地骂了一顿，但是完全没有提罚钱的事。而大家这一次的挨骂挨得心服口服，再也没有人嘀嘀咕咕了。

从那天开始，小江和那几个同事再也不跟老苏对着干了，而是真的把他当成上司，分部的气氛越来越好，业务量和效益也都上去了。年底时，他们分部获得总公司评比的"最铁团队"，大家都拿到不菲的奖金。

从那之后，大家把老苏当作真正的领导和主心骨，明白了老苏的骂人是一种习惯，并不是针对他们，也不是傲慢的表现。虽然老苏平时仍是一遇到问题就破口大骂，但在大家听来，已然是另一个意思了。可以说这个时候，这个团队已经真正地做到坚不可摧了。

背黑锅这件事情在职场中并不罕见，但是下属替领导背黑锅的次数远远多于领导替下属背黑锅。害怕领导给自己穿小鞋，即便是替领导背了黑锅，也是敢怒不敢言。事实上，当一个团队出错的时候，将错误推给下属，就能够让人认为自己是没有错误的吗？

很显然，这是不可能的。团队中任何一个人犯错，都是团队领袖的错。即便是下属替自己背了黑锅，逃过口头上的问责，在上级心中的印象也不会变好，反而会变得更差。坦诚地承认错误，也许还会在上级心中留下敢于担当的好印象。

爱护下属，这应该是领袖的本能。领袖自身占有更多的资源，也要承担更多的责任。更何况，同样的错误，落在团队领袖身上的惩罚和落在下属身上的惩罚，并不是一个量级的。团队领袖犯错，受到的可能只是口头上的惩罚，小惩大诫，而落在普通团队成员的身上，很有可能就会让他失去工作。

勇于担当，敢于替下属背黑锅，是真正的领导力的体现；爱护下属，敢于承担责任，这是一个领袖应该做的事情。试想一下，如果一个团队领袖有好事就第一个冲上去，有坏事就赶紧跑掉，还会有人愿意为他卖命吗？团队领袖永远不用承担责任，他又如何有能力避免出错呢？

一个合格的领袖，一个成熟的领袖，一定要敢于担当，哪怕是为下属背黑锅，也要无所畏惧。只有做到这样的格局，才能真正成为一个万众归心的领袖。

管理员工，不能只"管"不"理"

人都是有惰性的，尤其是在安逸舒适的环境下，肯定会更沉迷其中。比如，如果在炎炎烈日与凉爽的空调房之间让你做一个选择，大多数人肯定会选择后者。然而，对于企业管理者来说，贪图舒适的工作环境，肯定不会有好的工作效率，整天待在办公室，不去关注下属和员工，如何才能把企业经营好呢？要知道，深入基层不仅能了解更多的企业发展信息，也能让管理者与员工之间建立起更加和谐的关系。

麦当劳快餐店的创始人雷·克罗克，是美国社会最有影响的十大企业家之一。他有一个特点，就是不喜欢整天坐在办公室里，大部分工作时间用在"走动管理"上，即到所有的公司、部门走走、看看、听听、问问。

有一段时间，麦当劳公司面临着严重亏损的危机。克罗克发现其中一个重要原因是，公司各职能部门的经理有严重的官僚主义，平时习惯于躺在舒适的椅背上指手画脚，把许多宝贵的时间耗费在抽烟和闲聊上。这样一来，管理层与员工层就有了隔阂，很多制度做不到上行下效，因而引起亏损。

了解到症结所在之后，克罗克想出一个"奇招"，将所有经理的椅子靠背锯掉，并立即照办。开始很多人并不理解这一做法的意图，甚至骂克罗克是个疯子，但后来不久，大家就体会到了他的一番"苦心"。管理层人员纷纷走出办公室，走到员工中间去，开展"走动管理"。这样一来，能够及时地了解情况，并在现场快速解决问题，终于使公司扭亏转盈。

管理人员走到员工中间去，不仅是一种管理技巧，也是管理者自身成长的关键所在。正如美国学者汤姆·彼得斯所说："假如你把 1/3 以上的时间花在办公室里，你便与下属格格不入，与时代格格不入。"的确，不管你管理的是大企业还是小公司，如果你总是待在办公室中，你每天接收到的信息，除了一些整理得井井有条的数据之外，可能就没有其他的东西了，很容易脱离实际，得不到员工的认可。

曾经有一家加工企业聘请了一位新厂长，这位厂长在管理上有着亮眼的履历，但却完全不了解加工业的专业技术。因此，厂里的不少员工对新厂长不服气，认为他并不了解业务，对于他所提的新的管理方案不配合，甚至在生活中都不与他亲近。面对这一情况，新厂长非常担忧，经过深思熟虑后，想出一个应对策略。

每天下班后，新厂长经常会带一些小礼物到两位主管家里拜访，和他们及家人谈天说地，也会谈论一些工作上的事情。一段时间之后，两位主管开始到新厂长家里拜访，喝茶，聊天，也会报告一些厂里员工的情况，并对一些问题发表自己的看法。慢慢地，新厂长对厂里的情况越来越了解。

三个月后，新厂长和两位主管几乎成为无话不谈的朋友，取得很多工作共识。接下来，在上下班的时候，新厂长会经常到厂子里四处走动，看见谁都会主动热情招呼："嘿！小王，听说你儿子功课特棒，看来他遗传了你的智商呀。""李秘书，上次在门口等你的是你男朋友吧，真是个帅小伙呀！"……

此外，每天中午，新厂长都会在公司食堂和大伙儿一起用餐，有说有笑。没过多久，这位新厂长也就不"新"了，大家接纳了他，在执行他制定的管理规程时，也没有那么多的怨气了。

可以说，这位新上任的厂长是一个非常聪明的管理者。当员工对他的工作能力产生怀疑并且不配合时，他并没有采用强制的措施让员工屈服在自己的威严之下，而是选择主动走出办公室，走到员工中间去，与员工"打成一片"，让对方逐渐消除对自己的陌生感。当员工越来越接纳他的时候，就会对他产生更多的信任，这样他就获得了开展工作的好机会。

现实中，很多管理者将自己的工作区域局限在办公室，殊不知，员工可能因为工作能力而敬仰你，但很难在生活中亲近你，无形中减少了你与员工接触和沟通的机会。缺乏必要的交流和沟通，员工也就不能对你建立起更多的信任，这样在工作开展过程中，你就会缺少应有的支持。

当然，越来越多的管理者开始意识到：走出办公室，主动和员工进行交流和沟通，是高效管理的一个绝佳的办法。越来越多的公司管理者开始重视这种"走出办公室"的管理。这种管理风格业已显示出它不可匹敌的优越性。如果你想缩短与员工的距离，更高效地进行管理，不妨平时多到各个部门逛逛，和员工聊聊公司近况，加强沟通，进而赢得员工的尊重和信任。

总之，当你还在为管理中的某些问题百思而不得其解之时，请你走出办公室；当你在为与基层的观点不一致而相互抱怨时，请你走出办公室；当你还在为良好的管理措施得不到落实而愤慨时，请你走出办公室……

一个不能走向员工、依靠员工，并与员工打成一片的管理者，永远得不到员工的真心认可，也无法形成自己在员工队伍中的影响力。道理其实很简单：一个不愿意"理"员工的管理者，又怎能"管"好员工呢？

权力有多大，责任就有多大

管理学大师德鲁克说过：如果用一个词来描述管理的本质就是"责任"，用两个词来描述就是"责任、责任"，用三个词来描述就是"责任、责任、责任"。

可见，责任之于管理是何等重要。战场上，不懂得指挥的将军葬送的是士兵的生命；而在企业里，不懂得管理的管理者葬送的是下属的前途，影响的是企业的命运。所以，作为管理者，最重要的不是如何运用权力，而是如何承担责任。

《三国演义》中，诸葛亮第一次出岐山北伐的时候节节胜利，打得魏国举国震惊，以至于差点儿想把都城从长安搬走。当时双方作战的焦点集中在街亭，街亭虽小，但战略地位却事关全局，魏国要夺，蜀国要守，可谓必争之地。这时马谡主动请缨，诸葛亮虽不是十分放心，但还是把这个重要任务交给了他，并反复叮嘱要在山下驻守。

然而，马谡并没有把领导的话放在心上，自负的他擅做主张，选择在山上驻守。后边发生的事大家都耳熟能详了，马谡失街亭，战略局面瞬间反转。

作为最高领导，诸葛亮对于马谡这个下属犯下的过失非常愤怒，如此严重的后果，必须有人担责，于是他挥泪斩了马谡。惩戒犯错误的下属，这是诸葛亮作为领导者应该做的，也是他的权力。

但这事儿到这里还没有完。斩完马谡之后，诸葛亮回过头来开始清算自己的责任：惩罚马谡的失误是丢失街亭，论律当斩，而诸葛亮自己选将有误，要负领导责任。要知道诸葛亮的地位很高，当时蜀国的皇帝都要尊称一声"相父"，谁敢罚他？

答案是：他自己。

诸葛亮斩完马谡之后，自作表文，给后主写了一封信要求贬去丞相之职，后主采纳了诸葛亮的这个意见，把他贬为右将军，行丞相事。

这相当于在一个大企业里面，一人之下、万人之上的CEO 向全体成员做了一个公开检讨，所有人都知道 CEO 犯了错误。这是非常不容易的，尤其是在那个名声比性命还重要的时代。从这个角度来说，诸葛亮是一位非常合格的管理者，他在管理上有着严密的纪律和原则，哪怕是自己也不能逃避责任。

管理工作中，当下属犯了错误，领导不能只想着让下属承担责任，毕竟下属的过错也有上司的责任。所以，要先检讨自己的责任，表明自己的态度并非逃避责任，而是勇于承担责任。在这样的前提下，说出来的话才更加令人信服。

在那些优秀的管理者身上，我们总能看到勇于担责的勇气，因此他们能够更好地利用手中的权力，处理好每项工作和每个责任人之间的关系。能够做到这些，能够很好地完成任务，否则管理者要负最大的责任。

1973 年，印度前总统阿卜杜尔·卡拉姆曾担任印度卫星运载火箭项目的总指挥。在他的领导下，许多科学家和技术人员夜以继日地努力工作。他们的目标是在 1980 年之前将罗西尼号卫星成功送入预定轨道。对于当时的印度来说，这是一项艰巨的任务。

虽然阿卜杜尔·卡拉姆尽职尽责，火箭也在 1979 年 8 月按时发射，但本该飞向预定轨道的卫星非但没有就位，反而冲进孟加拉海湾。这次事故使整个印度都惊呆了。所有人在想：几年辛苦毁于一旦，这到底是谁的责任呢？

新闻发布会上，卜杜尔·卡拉姆没有把责任归咎于下属，而是自己扛了起来。他真诚地说："团队中的每个人都非常努力，但我没有给予他们足够的技术支持。在此，我向国民道歉并保证，明年我们一定会取得成功。这是我的失误，我希望能够取得大家的继续支持！"

这种勇于承担责任的做法，受到所有人的认可，大家纷纷表示无条件支持他。第二年，这个项目真的获得成功。

事实上，当问题出现的时候，任何管理者想推脱责任都是不可能的。因为管理者手中握有权力，他们需要负起最大的责任。即便是他们把责任分工细化到每个人，但当问题出现的时候，他们还是有不可推卸的责任。

管理者如果想发挥管理效能，必须得勇于承担责任。想想看，下属犯错，管理者有没有用人不当、监督不力或者支持不够的错误？当然有！无论是诸葛亮还是阿卜杜尔·卡拉姆，在任何一个组织中，只要出现问题，管理者都有不可推卸的责任。

所以，有什么样的领导，就会有什么样的员工；有怎样的领导者，就有怎样的团队。领导决定团队，这是一个非常重要的法则。员工的绩效和成果由领导的决策力决定，因而领导必须承担相应的责任。

电影《泰坦尼克号》里，在豪华游轮触礁沉没之际，船长下令用当时仅有的救生舟送走妇女、儿童，自己却回到船长室，与船一同沉没在深海之中。

他为什么要这样做呢？身为船长，他在船上有着至高无上的权力，同时也意味着要为船上的所有人负责，承担最大的责任。假如他逃避了自己的责任，私自搭乘救生艇逃生，从此之后，还有谁会信任他，登上他的船，与他一同扬帆远航呢？

管理者就等于企业这艘大船的船长，只有承担起责任，手中的权力才会有意义；也只有那些敢于担责的管理者，才能获得下属的信任，有人敢登上他的船，愿意跟随他远航。

德才兼备，成为员工的人生导师

很多企业领导和管理者都有这样的困惑：给员工的薪水不低，待遇也不差，但是员工的内心似乎并不是特别尊重你，甚至还瞧不起你，觉得你的水平不如他们，当面点头哈腰，私下说三道四，甚至还会说一些人身攻击的话。

那些有智慧的管理者完全不会有这样的困扰，他们能像人生导师一样，成为员工的偶像，把所有的员工变成自己的粉丝。即使自己不在公司，员工也会自动自发，无须时刻鞭策、监控。那么，管理者如何才能成为员工的"偶像"呢？

偶像这个词本身就象征着一种精神，博爱、博大、超越众人，甚至无所不能。生活中，每个人的心中都希望有这么一份寄托，这是他们困难时的倚仗，平凡时的憧憬。在企业内部，员工也希望自己的领导有过人的能力，或者是与众不同的气质，从而成为他们日常努力的榜样和依靠。

20世纪60年代，在以梦想、繁华、高犯罪率著称的美国纽约，有一个叫李·邓纳姆的男人，他和无数纽约人一样，渴望拥有自己的事业。李的愿望并非一夜暴富，只是希望靠着自己的努力，拥有一家小餐馆，当个快活的经营者，每天为客人提供物美价廉的餐点。

李的本职工作是警官，为了这个梦想，工作之余，他从不放弃学习的机会，用所有的休闲时间学习工商管理的知识，并将同龄人贡献给度假、球赛、约会的钱全都攒下来，当作未来餐馆的储备金。就这样努力了整整十年，李终于攒够需要的金钱，得到麦当劳总部的授权，在纽约开了一家有M标记的快餐店。

然而，梦想的实现并不意味着一帆风顺的生活。麦当劳总部为他选定的地方在纽约老城区，所有人都知道那是个危险的地方，经常发生暴力事件，餐馆总是被砸、被抢。麦当劳总部之所以廉价授权李来经营，就是想尝试一下是否能入驻这个棘手的地区。

在这样一个地方，李每天的艰辛可想而知，很多次顾客正在吃饭，突然目睹了街边的枪战和斗殴，只能掉头就跑；餐馆内部，雇员经常偷食物和现金，李根本无法管束。麦当劳总部的人也不想来这个危险的地方协调、教育屡教不改的员工，也许已经完全放弃了这个地区，任凭李自生自灭。

李没有被冷酷的现实击垮，更不愿放弃自己好不容易实现的梦想。他找来那些总在自己餐馆惹事的小流氓，和他们开诚布公地谈心事，谈自己的经历，谈他们的人生，并希望他们不要甘于堕落。他为这些青年提供工作机会：在自己的餐馆当服务员。他还每周为雇员开一次免费课，把自己学到的管理知识讲给他们，鼓励他们树立职业目标。

与此同时，李把赚来的钱赞助给社区慈善事业，在社区成立运动队，并设立了奖学金，让那些流浪的孩子能够进入社区中心和学校，重新接受教育。他的努力没有白费，被他的行为感动的青年开始认真工作，因为他的名气，店里不再有斗殴事件，客人越来越多。

几年之后，麦当劳总部突然惊讶地发现，李在纽约的分店每年的利润高达 150 万美元，这是一份出色的成绩。李·邓纳姆靠着自己的品德与真诚，改变了员工，改变了他人，也改变了命运。

《诗经·小雅》中说："高山仰止，景行行止。"意思是说，品德像高山一样崇高的人，自然有人敬仰，行为光明正大的人，就会有人效法。很多坐在领导岗位的人，为自己缺乏领导力苦恼，也许他们最需要做的不是翻动那些厚重的经典企管论著，而是静下心来想想自己究竟是个什么样的人。写不好、想不透"人"这个字，问题永远是问题，只有解决了做人的问题，很多问题才会迎刃而解。

事实上，许多优秀的企业家能够成功，首先在于他们是个成功的"人"。他们固然有这样那样的缺点，也有人性上的弱点，但总会在人群之中要求自己更正直一些，更宽厚一些，更有勇气一些，更努力一些。这一切注定他们比普通人更优秀一些，更闪亮一些，更有公信力一些，也就成就了他们的领导力。

当然，成为员工的偶像甚至人生导师很难，员工与管理者朝夕相处，了解更加深入，很难像明星偶像一般有朦胧想象的余地。所以，领导人的偶像式气质只能来自他超出常人的一面，或能力或决断，最主要的是出众的品性。

再来看李·邓纳姆的故事。最初，李是一个与偶像和导师丝毫不搭边的普通人，他能够从警察变为小老板，在于他用别人娱乐的时间来提高自己，为将来准备好积蓄。他的一切成就都来自一点一滴的改变，当这样的努力坚持了十年，他已经是一个令人佩服的人了。当他以博大的心胸和无比的勇气接纳那些失足的青年成为员工之时，就已经成了一个偶像式的人物。

优秀的管理者和领导者知道如何做人做事，更重要的是，他们真心诚意地关心人，不只关心他的员工，还关心每一个他们能够帮助的人。他们首先改变了自己，而后没有忘记回馈他人，回馈社会，这就使他们对员工的态度发乎内心，而不仅仅是为了他们身上的劳动力。这样的领导才有真实的感染力和魅力，也让人由衷佩服。

一旦企业领导者和管理者在员工内心中的形象上升到偶像和导师的级别时，这个企业就有了高尚的灵魂和完美的形象。这样的企业无须代言人，每个员工都觉得自己得到了关爱，他们会用实际行动表达自己的感谢之情。越是这样的企业，越不容易因风浪解体，困难来临时，人们会认为终于有了报答的机会，加倍地团结在领导人的周围，不惜牺牲一时的利益，与企业共渡难关。

第3章

以公平为准则：
一碗水端平，让员工无话可说

■ ■ ■

　　一个人有一个人的品质，一个企业也有一个企业的品质。在诸多优秀品质之中，公平是最底层的基石，关系到企业的稳定和人心的聚散。

　　企业管理者一定要意识到，自己的个人品质其实就是企业品质的一面旗帜，管理过程中要把"公平"二字贯彻到每个细节，做到这一点，才能要求团队成员养成其他的品质。每位企业管理者都要从企业生命的高度看待"公平"，努力为企业品质建立一座标志性的基准牌。

人情与原则，是不可共存的

有一部非常火爆的电视剧《欢乐颂》，相信很多人看过。其中的人事主管樊胜美，以私人关系委托一位朋友给哥哥安排了一份工作，可是没上几天班，她的这个哥哥就开始惹是生非，还嫌弃她介绍的工作工资不高，惹了一屁股麻烦。

结果，不仅接收樊胜美哥哥的公司老总头疼不已，就连樊胜美也是一个头两个大，不停地给朋友道歉，弄得大家非常尴尬。这虽然只是电视中的情节，但作为管理者，想必一定能从中看出问题的本质：公私不分，不能做到一视同仁，这是管理工作的大忌。

张威是一家企业的"元老级人物"，虽然职位不高，但却是一路追随董事长走过来的。当年企业发展遭遇困境的时候，他曾经在几个月拿不到薪水的情况下，依然不离不弃。

对于他这样曾经患难与共的员工，董事长一向都很尊重，也常常在员工面前表扬他们。可是这天，张威因为酒后闹事给公司造成非常不好的影响，也带来了巨大损失。按照公司管理制度的有关条款，他是要被立即开除的。管理人员考虑到张威的身份，有些为难，就向董事长请示。

让管理人员意外的是，董事长只是询问了他按照规章制度应该如何处理，然后表示支持他按规定进行处理。

被开除的张威愤愤不平，他满以为董事长会考虑到自己曾与公司患难与共，对他这个老员工网开一面。他拿着处理通知单，怒气冲冲地来到董事长的办公室。

"当年公司负债累累，连工资都发不下来的时候，我半年没有工资拿，一句怨言都没有，死心塌地跟着你走到今天，你今天却为了这点儿小事就要开除我？"

看到张威激动又委屈的样子，董事长叹了一口气说："公司不是你的，也不是我的，是每一位员工的。公司有相关的规章制度，就要执行，这件事情只能按规定处理，没有任何人可以例外。"

看到张威的开除通知后，公司员工议论纷纷，觉得管理层对这件事处理得非常公正，大家对公司更加信任和有信心了，严格地遵守公司的各项规章制度。

作为管理者，你首先只是一个人，一个普通人，有自己的情感世界和喜怒哀乐，但是你又不同于普通人，一旦因个人感情影响到职权范围所做的决定时，你就伤害了大多数人的利益和情感。

因此，管理者在行使职权时应做到讲究原则，不讲人情，把私人感情与工作分清，绝不允许把私人感情掺杂到工作中去。

管理者只有公私分明，以大局为重，不计个人私情，对所有的员工一视同仁、不分远近、不分亲疏，才能在员工面前树立公平公正的形象，使员工心甘情愿地接受管理。

不以公为私，做事出于公心，行事光明磊落，这不仅是管理的真谛，也是高尚的情操、超然的智慧。想要成为优秀的管理者，必须努力克服私人感情，以一颗公心做好管理工作，不偏袒任何人任何事，不背离公正的天平。如果做到这一点，有谁会不认可、不敬服我们呢？

前面那位坚持开除张威的董事长，随后专程来到张威家里，以私人身份给了他一笔过渡费，并且介绍他去了另一合作伙伴的公司上班。张威也理解了老上司的苦衷，毕竟公司那么多员工都看着呢，如果做不到公私分明、一视同仁，董事长的威信乃至公司的声望就会受到影响。

可见，做领导就要像领导，应该有自己处理问题的原则，管理上做到一视同仁，将工作关系与朋友关系分清，不能将私人感情混入工作。如果既想当他的领导，又要当哥们，试图平衡其中的分寸成为混合体，给企业带来的弊端往往是致命的。

一家在业界颇有影响的国内高科技民营企业，前不久发生"地震"：几名高层副总经理联名要求董事长罢免总经理和一名副总经理，否则他们将集体辞职。事情的起因是这样的。

原来，该公司的董事长是国内外软件领域的知名专家，公司是他一手创办起来的。他不仅在企业的关键岗位大量使用自己的亲人和好友，而且在自己的健康出现问题后，破格提拔儿子担任财务总经理，另一亲属担任人事副总经理。

这样一来，公司的人事任免、工资升降以至一些经营决策，都掌控在了董事长亲属和"自己人"的手里，其他几位副总经理实际上成了有职无权的摆设，矛盾由此而生，并最终导致企业内部人才流失，公司经营恶化。

企业领导能否做到在管理工作中对所有人一视同仁，是直接关系到企业制度严肃性的问题。在实际工作中，管理者难免愿意接触与自己爱好相似、脾气相近的员工，如果不注意的话，就会在无形中冷落另一部分员工，这对管理工作是不利的。

在管理工作中，企业利益高于一切。管理者每做一件事情之前，都不妨扪心自问一下："在这件事中，有没有任何私人的、情感的因素影响到管理工作"或"这么干，别人是否会觉得我没有做到一视同仁？"如果答案是否定的，你的管理工作必然有问题。

构建平等沟通的员工环境

如果大家看过电影《古惑仔》，可能会对以下场景有印象：香港每一区都有一个黑帮老大，这些黑帮老大的下面有很多左右手，上面还有一个顶级老大。每次开会的时候，只有每一区的黑帮老大可以发言，底下的左右手没有发言的机会。在这种等级严密的组织中，因为没有平等的交流平台，内部时常发生争斗。

当然，这只是文艺作品的演绎。之所以提到这个场景，是因为现实生活中也有许多企业领导者和管理者在不知不觉中充当着"顶级老大"的角色。他们热衷于主持会议，安排工作，分配任务，大部分时间是自己说别人听，从来没有意识到，即便是最底层的员工，也有发表意见的权利，他们也有话要说。

其实，作为企业的一员，员工只要不是本着当一天和尚撞一天钟的心态混日子，自然会想要对公司提出自己的想法和建议。如果没有一个相对平等、宽松的环境让他们去表达沟通，最后只会给员工的工作积极性带来打击，甚至造成人才流失。

陈慧毕业进入公司时正好 20 岁，是一个文静乖巧的女孩，平时说话走路的声音都很轻。公司招聘时正值扩大规模之际，各个岗位都需要人，陈慧虽然是企划专业毕业，但是来到公司之后被调到了商务岗位。本着锻炼自己的心态，陈慧一开始并没有反对，不过在商务岗位工作了一段时间之后，她发现自己不太适合，希望主管能向人力资源部反馈一下，把她调整到策划部门。

然而，她的意见并没有得到重视，主管虽然向经理提到此事，但是陈慧一直没有机会亲自向部门经理解释。两个月后，陈慧因为工作任务完成情况一直不达标，被无情地辞退了。

过了两年，竞争对手的公司里出现一个策划女强人。得益于几次活动和广告的精彩策划，这家公司的发展势头异常强劲。经理听说后，想尽办法通过职场猎头的关系得到这位女强人策划师的资料，却发现竟然是自己两年前辞退的商务人员陈慧。

经理对此大为懊悔，找到当年的主管大骂了一顿，说他手底下的员工有这么出色的策划能力，为什么没有听他提起呢？随后，经理又找机会亲自见到陈慧，透露了自己想要挖她过来的想法。

然而，陈慧根本没有关心薪酬待遇的问题，而是直接拒绝。她说："我要的东西，贵公司没有，那就是平等交流的企业环境。"

这话可谓说得实实在在。这个经理不给陈慧说话的机会，又怎能了解到陈慧的真实想法？而平等交流这个问题，可能是大多数企业管理者没有重视的。要知道，如果在一个企业中没有和谐、平等的沟通氛围，公司的一些决策意图很难很好地传达下去，公司下面的情况也就不能如实地向上层传递，各个部门也容易发生冲突，降低工作效率。

反观那些世界一流的企业，他们的管理者无一例外地非常重视企业内部平等沟通环境的营造。当年福特汽车遭遇发展困境，新上任的福特二世就十分重视员工的沟通问题。他启用贝克，决心以友好的态度与职工建立良好联系。

贝克也没有让他失望。他上任之后，虚心听取工人的意见，积极耐心地着手解决一个个存在的问题，还和工会主席一道制订"雇员参与计划"，在各车间成立由工人组成的"解决问题小组"。工人们有了发言权，不但解决了他们生活方面的问题，更重要的是，对工厂的整个生产工作起到积极的推动作用。

在新车型投产前，公司大胆打破那种"工人只能按图施工"的常规，而是把设计方案摆出来，请工人"评头论足"，大胆发表自己的意见和看法。在这个过程中，工人们提出的各种合理化建议共达749次，经研究，采纳了542项，其中两项意见的效果非常显著。

目前，福特公司内部已形成一个"员工参与计"。员工的投入感、合作性不断提高，大大缩短与日本的差距。这一切的改变就在于，公司上下能够在平等的氛围下相互沟通，内部管理层、工人和职员改变了过去相互敌对的态度。领导者关心职工，引发了职工对企业的"知遇之恩"，从而努力工作，促进企业发展。

同样，美国的惠普公司也采用了"平等透明"的管理模式，它不拘泥于形式，很有企业特色。

惠普公司的办公室布局十分特别，全体人员都在一间宽敞的办公室中，各级部门用矮屏分隔，成为企业管理模式的最大特征。这可以让员工在工作时随时可以联系到其他部门的同事或者主管，有什么需要沟通或者表达的意见，都能在第一时间达成。

这种平等透明的办公方式，可以让整个惠普公司的领导者及时了解每个员工的问题和看法，也能让员工随时表达自己的想法和意见，并且使员工和员工之间保持更亲密的合作关系，大大提升企业效率。

在和员工的沟通中，管理者千万不要人为地在自己和下属之间设置各种屏障、分隔。如同惠普的开放型办公室以及福特的"解决问题小组"，这些举措都给公司创造出员工之间人人平等的气氛，同时打开管理者和员工之间沟通的大门，以此作为了解下属的方式。

平等沟通的企业氛围，带来领导和员工之间的相互了解，同时也带来员工相互之间更加紧密的合作。所以，打造平等的沟通氛围，是一个目标明确、增强团队凝聚力的过程。除此之外，良好、有效的沟通，也是公司领导对下属员工关怀的体现，是尊重的直接表现方式。

要的是公平，而不是事事平均

两个木工共同受雇于同一老板，木匠 A 手艺好，干活踏实，只要是老板分配的任务，无论大小都会认认真真地去做，就连最细小的部件，也会处理得严丝合缝，恰到好处。

而木匠 B 一点儿都不踏实，手艺一般，干活时纯粹将其当作应付差事，能糊弄则糊弄，只要是觉得客户看不到的位置，就会毛手毛脚、敷衍了事，这样一来，很多时候活干得倒挺快，加上他能说会道，老板觉得他挺能干的。

老板是个粗枝大叶的人，每到月底发薪水的时候，他觉得木匠 A 干活质量高，木匠 B 精明利索，各有所长，于是在薪水上也一视同仁，发得一样多。

时间长了，木匠 B 就经常取笑木匠 A，说："你的手艺比我好怎么了？你比我勤快怎么了？咱俩还不是拿一样的工钱？有些东西马马虎虎就算了，何必非要做到完美无缺呢？"

木匠 A 渐渐地在心里也嘀咕起来："反正我再怎么勤劳，跟你挣的钱也差不多，干脆大家都一起混日子吧。"

结果可想而知，两个木匠的活越干越差劲，能应付则应付。但是，客户的眼睛是雪亮的，干的活质量差，投诉自然增多，口碑变差，这个老板越来越接不到活，挣的钱也越来越少……

表面上看，老板给下属发薪水时能做到一碗水端平，貌似公平，但他对"公平"二字的理解存在误区：停留在过去吃"大锅饭"时的"公平"，也就是将"公平"与"平均主义"混为一谈，甚至认为公司有什么好处就该全体员工一起沾，大有"事事平均，有福同享"的意思。

然而实际上，这种做法只是看上去慷慨大方，其实并不理智和科学。通过A、B两个木匠的事例，我们可以看出，如果干好干坏都一样，必然会严重挫伤那些优秀员工为企业打拼的积极性。

公平作为一种激励员工的手段，其积极的作用虽然不言自明，但是公平绝对不能搞平均主义，不能让员工觉得干好干坏都一样。因为公平的"平"，只是规则公平、机会均等，而企业对员工各个方面的待遇不能均等，而要遵循"各尽所能、按劳取酬"的原则。

在管理学范畴中，平均主义被认为是最大的不公平，因为它看似平等，实际上却忽略了每个人对团队的贡献大小。

正常情况下，每个人的能力、思维、机遇必然存在各种各样的不同，如果给予所有人相同的待遇，那么对于贡献大的人而言，就是绝对的不公平。因此，现代企业管理倾向于分配应该按绩效而定的观点。

印度的信息系统科技公司是当地最有价值的五大公司之一，公司负责人墨西是印度最受尊敬的企业领导人之一。谈到成功领导的秘诀，墨西强调必须做到"公平"，而不是当一名平均主义的"好好先生"。

墨西把自己对于"公平"的理解，自始至终地贯穿在企业管理工作中。从招聘环节开始，墨西就制定了公正的原则。比如应聘考试时，统一公开考试过程，不会引起争执；入职之后，公司尽量为每件事情设定可测量的标准，员工的表现以他们能够了解的程序和标准，公开进行评估。他们动态地根据员工的才能、责任、贡献、工作态度等公正地给予他们应有的利益回报。

除了这些之外，领导人在做决定时，也一样要做到公平。墨西表示，每个决定一定都对某些员工较不利，不过做决定的标准其实很简单，如果一个决定对 98% 的员工都有好处，就是一个好的决定，只要领导人确保剩下 2% 的员工，有机会在其他决定中获得较有利的对待，那就做到了公平。

正是因为这些公正原则，员工都愿意跟着墨西，公司也因此留住了很多人才。吃过公平的"甜头"之后，墨西表示，许多人问过他希望以后的人会如何看他，他说："我希望将来别人会记得，我是一个公平的人。"

墨西的公正原则，无疑是一种明智的管理策略。有的企业无法做到"公平"二字，要么像前边 A、B 两个木匠的老板那样粗枝大叶，不重视员工干活的质量，搞"大锅菜"，让优秀员工寒心；要么在激励员工时一味地"看人下菜"，结果搞成"会哭的孩子有奶吃"，能说会道会表现的人一进来就是高薪，埋头苦干的老员工却得不到认可和奖励，心理失衡，影响工作的积极性。

而且，如果只知道搞平均主义，不拉开不同贡献员工的收入差别，如何会体现"多劳多得"的激励原则，吸引优秀人才，激发员工干劲？

企业管理过程中，打破平均主义，实行按劳分配，少劳少得，多劳多得，除了有利于激发员工的干劲，在工作中学习，在学习中发展，在发展中完善，对管理者及现代企业还具有很多优越之处。对管理者来说，按劳分配更使人感到心悦诚服，不会出现高层混乱的局面；对企业来说，提高整体的公平性，有利于平衡利益矛盾与冲突，进而激发自身的活力。

要知道，不公正的待遇，不论是过高还是过低，都会打击员工的积极性，降低管理者的个人信誉。因此，每个管理者必须学习墨西的公正原则，区别每个员工的工作好坏，给予不同的人以不同的评价和物质待遇。你还可以要求员工注意各自表现，并判断获得的评价是否公正。

公正，并不是"各打五十大板"

"这个项目明明是同事搞砸的，为什么主管将我和他一起处分？"

"主管为什么不了解清楚矛盾，就给我们各定半罪？"

日常管理工作中，诸如此类的抱怨，想必每个管理者都会经常听到。许多管理者在处理事情时，习惯各打五十板，以示公平、公正。殊不知，这种看似公正的处理方法，实际上愚蠢透顶，不仅会导致员工间相互合作的信任度锐减，还会引起误会增多等连锁反应。

"凡事各打五十板"的处事方法，从表面上看，自以为做到了"绝对"的公平与公正，消除了不公与误会，实际上这是最马虎、最不公平的处事方法，会抹杀员工的积极性，从某种意义上讲，是不负责任的表现。

作为管理者，应该通过细致的思想工作，深入了解矛盾双方的思想以及矛盾发生的原因，然后把双方请过来，根据事实划分责任，再进行处理。若简单了事，"一刀切"地"各打五十大板"，不仅解决不了问题，还会让下属员工觉得管理者是在"和稀泥"。

唐朝时的李显，帝号中宗，是唐太宗李世民的嫡孙。他的父亲是唐高宗李治，母亲是大名鼎鼎的女皇帝武则天。李显没有治国才能，也没有母亲的霸气，他当皇帝只知道听宰相的话，听权臣的话，听他的皇后韦氏的话，甚至听宫中"内宰相"上官婉儿的话。在他的管理下，朝政如一团乱麻，后宫干涉外廷，外廷争斗不断，但李显束手无策。

一次，宰相宗楚客请求皇帝不要封一个叫娑葛的突厥首领，导致娑葛没有拿到封号，一怒之下侵入大唐边境，抢走百姓的不少财物。

监察御史崔琬是个正直的官员，他知道宗楚客之所以建议皇帝取消对娑葛的封赏，是因为收了另一位突厥首领阙啜忠节的贿赂。崔琬在朝堂上揭露宗楚客的作为，请李显务必处罚宗楚客，以振朝纲。

这时候，李显面对大臣的矛盾，有些犹豫，不知道该如何处置才能服众。崔琬知道李显没有什么主意，就一直据理力争，宗楚客仗着自己有皇帝的宠信，反咬一口说崔琬污蔑自己。

眼看两个大臣吵个没完，李显干脆在宫中摆了一桌丰盛的酒席，将两位大臣请来，先是轻描淡写地处理了宗楚客受贿一事，然后又批评了崔琬不识大体，破坏朝堂气氛，等等，把这事儿给糊弄过去了。

从此以后，大臣们都在背后议论纷纷，讽刺李显拿"和稀泥"当公正，毫无天子的威仪和皇帝的权威。正因为有李显这样的掌舵者，中宗一朝可谓风雨飘摇。没多久，李显的老婆韦皇后作乱，这位皇帝稀里糊涂地被毒死在后宫中。

在古代，皇帝是特殊的领导者，职权最大，可以说是最高领导，说出的话就是法律，一念之间可以决定人的生死。正因为皇帝这个职业，将领导的职能无限地扩大化，我们才能更确切地看到企业管理者的所作所为会为企业带来什么样的影响。处理下属员工之间的矛盾时，一旦背离了"公正"的原则，不仅会影响下属士气，就连领导的权威都会大打折扣。

事实上，一个团队总会有各种各样的矛盾，如员工与员工之间因利益纠纷、个性不合、意见相悖造成的冲突，员工与中层领导间相互诘责，员工对外时与客户、利益伙伴的关系、领导与领导间的摩擦……

虽说企业管理者不是员工纠纷的调解员，多数时候他们要把时间放在思考重大问题上，对员工的小摩擦奉行眼不见为净的原则，但是当员工无法自己解决矛盾，而矛盾已经不能掩饰，开始对团队产生负面影响时，管理者必须发挥调节作用，不能坐视不理。

领导如果不了解具体情况，一味地各打五十大板，将矛盾压下去，只会让更多的人觉得不公平，酝酿怒火，质疑其领导能力。被质疑的领导很难继续稳固自己的地位，在有严格绩效制度和监督制度的现代企业中，一位不能做到公平公正、只知道糊弄应付的领导，很快就会被员工的批评声湮没。

而且，如果管理者在处理员工矛盾时有所偏依，处理不公，极有可能使其中一方心存怨恨，公事之争就会变成私人恩怨，还可能产生更多的新矛盾，造成企业内耗，缺乏凝聚力和团队精神，出现人心散乱的被动局面，管理工作也无法正常完成。

作为管理者必须明白，不管员工之间不论出现什么矛盾，不管具体情况如何，有一点是相同的，那就是管理者必须公正，不偏不倚，就事论事，做到一视同仁、一碗水端平，不能因为管理者个人出现偏袒或者懒政现象，这是最基本的要求。

对于团队成员发生矛盾的情形，管理者最忌讳一遇到矛盾冲突就"各打五十大板"，表面上看这维护了大局，实际上，一团和气的虚假表象之下，矛盾根本没有得到解决和缓和，还会为以后的冲突埋下隐患。

因此，管理者要认真面对下属员工之间的矛盾，杜绝消极处理，在弄清楚矛盾原因之后，该责罚的就要责罚。管理工作不是社交人际学，不能搞圆滑，更不能"和稀泥"，否则就会失去公正，难以服众。

再小的细节也要做到不偏不倚

对于许多企业管理者来说，一个很头疼的问题就是抓不住下属的心，总觉得队伍带着带着人心就散了，甚至连升职加薪都无法留住他们，时间一久，企业就会陷入人才流失的怪圈。那么，问题到底出在哪里呢？

赵总在办公室处理文件，一阵激烈的争吵从隔壁的办公室传来，打断了他的思路。他停下来听了一下，声音越来越大，吵闹中还夹杂着相互的辱骂声。办公时间怎能发生这样的争执，赵总决定去处理一下。

到了隔壁办公室一看，原来是小王与小李正脸红脖子粗地争吵着，两个人都气喘吁吁的，一副不撕清楚不罢休的样子。

"都给我住嘴，你们说说怎么回事！"赵总很生气。

"赵总，你来看看，我投标要用的数据，昨天一早就交代给他了，说今天一早整理出来给我，现在都中午了，才弄了这么一点儿，我接下来的工作怎么往下进行？这可是投标要用的，人家可不会等咱们！"小王噼里啪啦地一顿说，显然是又气又急。

"资料没有整理完，我是有原因的，你在工作上就没有遇到过意外情况？没有过拖沓的情况？咱们都是拿工资干活，你凭什么一副高高在上的样子指责我？"小李辩解道。

还没等小李说完，赵总发话了："小李，你真不像话，就算是同事，工作上也要相互支持，相互体谅，是你的原因导致工作拖沓，怎么还这种态度？我感觉你的工作态度确实存在问题，下去以后要好好写份检查！"

说完，赵总就气冲冲地摔门走了。

实际情况是什么样呢？原来小李的爱人生病了，儿子又在上学的路上出了车祸，小李这两天一直在医院照顾，因而影响了资料的整理。这期间，他也跟小王说过资料整理会拖一拖，如果急用就让别人整理。小王说其他岗位的人不了解具体数据，坚持让小李弄，然后就出现了开头的一幕。

赵总的处置让小李觉得委屈，即便自己有责任，也不能完全赖在自己身上。既然小王知道自己这两天出了状况，完全可以另找其他同事来弄数据；而赵总不分青红皂白就认为自己消极怠工，这不仅仅是委屈的问题了，而是不公平，甚至是对自己的不尊重。

一个月后，小李毅然决然地跳槽到另外一家公司，就连赵总许诺会涨薪都没能留住他。

其实，像这样的员工矛盾和人才流失，作为管理者的赵总要负直接责任，正是因为他的粗枝大叶，忽视细节，在员工管理问题上有失偏颇，才导致了人心离散。生活中，不少管理人员会不知不觉中犯下这样的错误。

比如，为了照顾迟到的员工，管理者免于对他的处罚，希望得到员工的心，但无形中会伤害那些遵守纪律的员工，公平就会被打破。下次另一迟到的员工没有得到你的免责，就会对管理者产生埋怨，他不会反思自己的过错，而是会质疑管理者的不公平。

因此，管理者应该格外注意自己的身份和手中的权力，不能忽视任何细节问题，即使是很小的细节，也会导致心态失衡。一旦心态的天平失去平衡，团队就会面临人心离散甚至瓦解的危机。

这种管理过程中的细节，其实相当重要，偏偏又是最容易被忽视的。许多企业管理者在制定政策制度和奖罚措施时，都会努力做到公平合理，认为只有企业的大环境好了，才能服众，留住员工。殊不知，很多时候，只需一个小小的细节，就能毁掉管理者多年努力经营的公平原则。

这些细节上的公平，不仅包括责罚，也包括奖励和表扬。比如，管理者在表扬下属时，一样要注意细节，讲究不偏不倚，既要让应该受到表扬的人得到表扬，也要顾及那些没有得到表扬的员工的心态。

比如，下属在某一项工作上取得巨大的进步，结果你这么说："太好了，公司终于有个能独当一面的人为我分忧了！"这样的赞扬，不仅不会让人高兴，反而会让下属觉得你是在同事当中孤立他。

王浩在公司的管理岗位上待了多年，他所在的公司是由老国有企业改制的，下属中既有年长的"60后"，也有年轻的"90后"，员工年龄跨度近30年，其间相差几代人。

在日常管理工作中，王浩比较注重在例会中用表扬来激励下属的士气，于是大会、小会总不忘表扬表现突出的员工。可是时间久了，王浩发现公开表扬的气氛渐渐变得有些尴尬。比如，表扬完某个员工之后，员工的脸上并没有出现他期待的笑容，甚至连兴奋和开心的表情都没有，反而显得心事重重。而那些没有得到表扬的员工则表情微妙，有人会低下头，仿佛这完全和自己没有关系；还有的人表情变幻莫测，眼神空洞，完全没有受到激励的样子……

这是怎么了？难道是人心散了，队伍不好带了？王浩很是困惑。

直到有一次，一位老员工说了自己对于听到表扬另一位员工这件事的感受：他说自己是如何辅导了那名员工，帮助他解决了多少困难，你这样表扬会让有贡献的人心里不舒服，也会让受表扬者骄傲不感恩，等等。王浩这才恍然大悟，原来是自己对细节的忽视导致如此尴尬的局面。

　　如果因为表扬一个人而得罪另一个人，就背离了表扬的初衷。所以在表扬的场合，管理者要充分考虑其他人的感受，就算表扬是件好事，也要努力做到不偏不倚，学会根据实际情况调整表扬的话语和策略，从而起到最佳的激励作用。

　　总而言之，管理工作上做到公平公正，不偏不倚，并不是喊几句口号，制定一系列公平公正的规章制度就可以的，而是要细致入微，关注细节。可以说，企业内部公平公正气氛的建立，在于日常工作细节之中。正所谓见微知著，一个懂得笼络人心的企业管理者和领导者，一定会抓住一切细节体现管理上的不偏不倚，从而让每位员工都感受到公平公正的企业氛围。

第4章

□ □ □ □

小惩大诫：
以罚警心，有过必纠

一个团队有了制度，有了执行力和公正公平原则的需求，接下来就必须要有相应的奖惩措施体现制度和公平。惩罚作为一种负激励手段，每个管理者要学会灵活运用。

常言道"良药苦口"，如何权衡惩罚手段的利弊，关系到团队的士气和向心力。好的惩罚措施，不仅能够保证制度的公正执行，同时也要有足够的制约和警醒作用。所谓惩前毖后，奖惩永远不是目的，目的是强化管理效果，增强团队的战斗力。

赏罚分明，激发员工

对于任何团队来说，有奖励就要有惩罚，奖罚是管理者激励团队的重要手段。那么，作为管理者，该如何把握奖罚原则呢？

战国时期，魏惠王有一次问大臣卜皮："你担任地方官的时间很久，和百姓接触的机会最多，应该听过百姓对寡人的批评吧？"

"百姓都说大王很仁慈。"

魏惠王听了之后，很高兴："是吗？果真如此，国家一定能治理好。"

"臣不以为然，相反，这说明国家快要灭亡了。"

魏惠王表示无法理解："寡人以仁慈治国，这有错吗？"

卜皮回答："陛下只想给天下百姓留有仁慈的形象，就不能居人之上。所谓的仁慈，包含怜悯、仁心、宽厚、慈祥。如今即使百姓、大臣犯罪，陛下在处罚他们时也会踌躇不前，有过而不罚，无功却受禄。天下人都会看不起大王，百姓也会放肆。臣说国家快要灭亡，就是这个道理。"

这个有关奖罚的典故，放在当今的企业管理中，仍然相当耐人寻味。管理者要认识到：对下属仁慈宽厚并不代表全部，更重要的是要懂得赏罚分明。古人尚且知道这个道理，我们当然更应该如此。

赏罚是管理团队的有效手段，是企业家运转企业的必要因素，就在于它的公正性。因此，激励必须遵循的一个重要原则就是公平公正，该罚则罚，该奖则奖，赏罚分明。奖赏是正面强化手段，即对某种行为给予肯定，使之得到巩固和保持。而责罚是反面强化，即对某种行为给予否定，使之逐渐消失。奖与罚，任何一方的缺失，都会造成企业大厦的失衡。

日本著名的伊藤洋货行董事长伊藤雅俊以服装买卖起家，后来进入食品业。他在业内一向以严谨著称。在日常企业管理中，他从来不感情用事，惩罚严明，为员工和同行所称道。

当年，为了使公司在食品行业有更大的发展，伊藤雅俊从东食公司挖来对食品经营有丰富经验的岸信一雄。岸信一雄是一个善于交际、重视创新的经营奇才，他的加入就像为伊藤洋货行注入一剂催化剂。10年时间，公司的业绩提高了数十倍，伊藤洋货行的食品部门呈现一片蓬勃的景象。岸信一雄也晋升为公司经理，成为公司内外炙手可热的大名人。

但是不久之后，岸信一雄开始膨胀，居功自傲，对公司的规章制度一律不予遵守，对公司的改革措施持敌对态度。公司高层制定的战略决策，一执行到岸信一雄那里就会止步不前，对那些勤奋敬业的部下也开始放任自流。

针对这样的情况，伊藤雅俊多次要求岸信一雄改变工作态度，按照伊藤洋货行的经营方法去做。但是岸信一雄根本不加理会，依然我行我素、放飞自我，完全按照自己的想法去做。

他甚至公然声称："我为公司创造了那么多财富，说明我的方法没错，我的路线没错，我为什么要改？"结果可想而知，整个部门的员工效率直线下降，伊藤雅俊最终忍无可忍，解雇了岸信一雄。

当时，岸信一雄突然被解雇的消息在工商界引起不小的震动，舆论界也以轻蔑尖刻的口气批评伊藤雅俊"过河拆桥"。在舆论的猛烈攻击下，伊藤雅俊理直气壮地反驳道："秩序和纪律是我的企业的生命，也是我管理下属的法宝。不守纪律的人，一定要以重处理，不管他是什么人，为企业做过多大贡献，即使会因此减低战斗力，也在所不惜。"

现代管理学上有这样一句十分经典的话："成功的管理是什么？是黑白分明的，白就是白，黑就是黑，白的奖，黑的罚。这样你的管理就会越来越白，如果黑白不分，那你的管理只能越来越黑了。"

中国有句老话：所憎者，有功必赏；所爱者，有过必罚。的确，管理者只有这样，才能使团队的纪律获得有效维护，给员工留下一种公平合理的印象，让他们觉得人人都是平等的，机会也是均等的，他们才会奋发，更加努力。只有这样，才能确保公司正常经营，凝聚成强大的力量，以不可阻挡之势发展下去。

当年，伊藤雅俊"三顾茅庐"求来的岸信一雄，一次次为公司创造卓越业绩时，作为企业管理者，伊藤雅俊采取提拔和赏识的态度。但后来随着岸信一雄的居高自傲，变本加厉地行使"治外权"时，伊藤雅俊又毫不客气地将他请了出去。这种做法是正确的，对岸信一雄的严惩不明，是对大多数人的不公和伤害，这会直接关系到整个企业的存亡问题。

如果企业管理者平时该批评员工的时候不批评，该奖励的时候不奖励，必然会导致企业内部竞争氛围的弱化，对企业有百害而无一利。那些热衷于做"好好先生"、喜欢一团和气的管理者，不可能激活员工内心的热情，就更不用说引领企业走向强大了。

此外，对下属进行赏罚时，最好以公开的方式。鬼谷子曰："刑赏信正，必验于两目之所闻见，其所不闻见者。莫不谙化矣。"意思是说，无论行赏还是行罚，必须要让众人亲身见闻，纷纷传扬开来，这样对那些没有亲见亲闻者也有潜移默化的作用，能够在最大范围起到激励作用。

一个管理者一定要善于激发员工，让员工以充满正能量的心态对待自己的工作。具体如何去激发，不外乎就是"奖惩"二字。精确地运用奖励与惩罚，从而激励下属，是一个管理者非常重要的能力，也是作为管理者必须掌握的一项能力。

既要"杀鸡"，也要"儆猴"

管理者最重要的工作内容之一，就是管理下属。对待下属员工，无论是春风般温暖，还是秋风扫落叶般严厉，都是管理方法上的调整，要针对不同情况具体运用。有时候，当大部分下属不安分守己、不听从你的号令的时候，管理者绝对不能妥协和退让，否则一旦让下属的得寸进尺之风形成气候，再整治就来不及了。

如今，很多企业在提倡"人性化"管理，就是说要从精神层面管理下属，让下属员工感受到温暖，从而提升忠诚度。但是有些管理者对于"人性化"一词的理解出现偏差，他们片面地认为，对违反公司制度、破坏职业规则的员工网开一面，小错不罚，大错轻罚，就是"人性化"的管理。

殊不知，这种管理上的"心慈手软"，是最大的"不人性化"。要知道，建立在对"人"负责的基础上的管理，才是真正的人性化管理。如果管理者一味地纵容那些连最起码的职业规则都不遵守的员工，就是对这个员工的最大失责。

管理者必须明白，"人性化"并不意味着心慈手软，管理工作遇到困难时，"发威"也是必不可少的，特别是做领导的绝不能手软，为了自己的地位能够稳固，关键时候要毫不犹豫地"杀鸡儆猴"。

刚刚担任生产部部长的亮子，踌躇满志，准备好好干一番事业。但是他上任还不到一个月，厂里竟然发生了工人罢工的事件，这让他十分生气，决心要查个清楚。

后来，经过调查他了解到，公司在工人发工资的当天晚上，办了一次文艺晚会。新老员工聚在一起联欢，相互间一打听才知道，新员工的奖金竟然还没有早到公司两三年的老员工奖金的一半多。他们觉得这件事情很不公平，于是有些人开始带头鼓动生产部其他工人罢工。

亮子知道事情的原委之后，第一时间赶到车间，把厂里的薪资标准和晋升政策详细地向新员工做了讲解，表示这是完全正常的，是领导层制定的，没有问题。苦口婆心讲了几个小时，结果却没有一点儿效果。工人们说，不给说法，就不上工。

亮子所在的工厂在同行中的效益算是比较好的，即便是新员工，拿到的薪水和奖金也要比其他同行业厂家高出不少。在亮子看来，这些工人完全就是不知足，而且他发现，就是少数几个员工一直在煽风点火，弄得大家情绪激动，谁也不听劝。

亮子相信，从收入角度上讲，一定有很多人不愿意失去这份待遇优渥的工作。于是，他不再劝说讨好员工，而是言辞严厉地对罢工的工人说：公司不会给任何一个参与罢工的工人加薪，如果大家在限期内不回到岗位的话，就视为自动放弃这份工作，公司将予以开除。

最后的结果就如亮子之前分析的一样，大部分员工回到工作岗位，继续工作，不再有怨言。只有最初带头闹事的 4 名员工，还一意孤行地要求加薪。亮子雷厉风行地立即开除了他们，这一举动立马震住了那些还期望加薪的观望分子，再也没人敢来挑战亮子的威严。本来一场棘手的罢工事件就这样顺利地解决了，也奠定了亮子的领导基础。

就像亮子一样，管理者在面对"众怒"或者处理"众犯"的时候，要善于运用"杀鸡儆猴"的方法。"杀鸡儆猴"是对犯错较严重或带头犯错的害群之马予以严惩，对情节较轻的跟风者网开一面。这既可维护团队的稳定，又能起到以儆效尤的作用，避免"法不责众"造成的管理不力。

不过需要注意的是，"鸡"可以毫不犹豫地杀掉，但是对留下来的"猴"，还是要适当地加以安抚，这样才不会留下后遗症，影响将来正常的工作。那么，领导杀"鸡"之后要如何儆"猴"呢？我们不妨继续看看亮子的做法。

在开除了 4 名带头闹事的员工之后，亮子宣布，这件事情不再追究，留下的都是主动回到工作岗位继续工作的，只要接下来恢复生产秩序，按要求工作，不影响年底的奖金考核。

除此之外，亮子宣布，他会代表新员工把新老员工薪资差别的问题向上反映，把新员工的声音反馈给高层，至于高层接下来会不会在制度上采取行动，具体采取什么行动，亮子会在第一时间向员工进行说明。

这样一来，新员工彻底放下了心里的包袱，觉得亮子这个生产部长不仅有魄力，而且还很关心员工，大家对他更加信服。

很显然，亮子是一个高明的管理者，明白"法不责众"的道理，而且运用得当。毕竟，在任何一个团队，都会有不安分的人，但如果你不计后果地将他们全都处理了，很可能会陷入无人可用的困境。所以，领导的威势要立得适度，可以对准一点儿狠狠地打击，但绝不能轻易扩大打击面。

再者，"打一棒子给个糖"，本身就是从古到今的管理者擅长运用的一种手段，每位管理者都应该知晓并且熟练掌握。管理工作中，在刚性政策之后，一定要及时地施行怀柔政策，用温情来安慰和感动下属。如此一来，下属在倍感安慰的同时，也能软化自身的强硬对抗情绪，从而恢复正常的工作状态。

总而言之，管理者不仅要具备更强的业务能力和更高的职业素质，还要掌握运用权力驾驭下属的方法，这样才能令下属信服。想要有效地运用权力，首先要树立领导威严，这是管理者顺利开展工作的重要立足点。

对于员工的不良行为，要及时地发现、处理；对待那些自由散漫、工作懈怠的员工，也要果断予以批评或处罚。但是处罚要讲求原则和技巧，有时候你手中挥舞着"大棒子"，严肃严厉处罚犯错员工的同时，一定要准备好"糖"，否则下属员工被大棒吓跑了，管理者岂不是成了"光杆司令"？

"杀鸡儆猴"的目的不是为了"杀鸡"，而是为了"儆猴"，为了让那些不安分的人安分，一味地"杀鸡"反倒会激起员工的对立情绪，让原本就不安分的人彻底地不安分。正因如此，管理者在重罚典型之后，一定不要忘了借机教育和安抚其他员工，只有如此，才能更好地将员工团结在你的周围。

昭禅庭

赏罚结合，灵活运用

对于管理者而言，在企业管理过程中，"赏与罚"可以说是一把双刃剑，只有有赏有罚，号令严明，才能驾驭自如。管理者不仅要坚持赏罚原则，该罚时罚，赏罚分明，也要学会掌握赏与罚的尺度，灵活辩证地运用赏罚手段，才能起到更好的管理效果。

美国有一家纺织厂，在纺织车间会有少量的椅子供疲惫的员工休息，这项人性化的举措，目的在于体现对员工的关爱。但在实际执行过程中，管理者发现了一个问题：有些懒惰的员工，总是千方百计找机会坐在椅子上休息，而那些优秀勤奋的员工，也会在提前完成工作任务之后立刻跑去椅子上坐着休息等待下班。这样一来，车间的任务完成量每月都在及格线上下浮动，这可不是企业想要的结果。

为了解决这个问题，相关部门制定了一套惩罚措施。比如，规定每个员工每天可以休息的时间，超过时间就会给予相应的处罚。但是随之而来的监督问题又成了让管理者头疼的新问题，车间负责人已经够忙碌了，还要花费精力计算每个员工在椅子上的休息时间，反而影响了车间工作效率，甚至因为时间统计问题还引发了内部矛盾。

后来，纺织厂的老板经过深思熟虑做出一个决定，撤销车间休息椅子的使用惩罚措施，并出台了新的奖励措施：如果有员工超过月生产定额，他就可以"赢得"一个月的椅子使用权。椅子的颁发仪式也很特别，老板会事先把椅子拿到自己的办公室，贴上受奖励者的名字，然后请这位员工坐在上面，老板会在众人的掌声中将那位员工推回车间。

没想到，这项奖励措施起到出乎意料的效果。大家为赢得这份独特的荣誉，纷纷努力工作，争相加班，车间里连一个偷懒的员工都没有了，原本普通的休息椅子变成荣誉之椅，每个人都希望车间里摆着一张写有自己名字的休息椅子，就算不去坐，能够让大家看到自己的名字，也是自豪不已。

这个聪明的老板，其实没有做太多，只是把一项惩罚措施改成奖励措施而已，就大大提升了整个车间的效率，这不能不说是一种管理智慧。

无独有偶，在另外一家工厂里，一位技术人员负责车间里所有设备的维护，数十台昼夜不停运转的机器难免会出现故障，虽然大问题不多，都是些劳动量不大的小毛病，但这都是必须处理的。因为生产线不能停，一个小小的停机，就会给企业带来很大的损失。

这就导致这位技术人员工作时间上非常被动，有时候深夜还要起来维修机器，尽管不到半个小时就可以搞定，但是夜晚的睡眠却被严重影响了，这让他深感苦恼。为此，他总是向公司要求为他找一位助手，原因是工作枯燥无味，任务量太大，时间太长。

然而，就工作量而言，这个岗位并不需要两个人来做，他的要求没有得到满足。这位技术人员很郁闷，工作态度上没有原来那么认真了，已经出现生产线停机的情况。

如果按照公司规定，出现这样的情况是要被处罚的，但是公司希望在不伤害这位技师自尊的情况下纠正他的态度和观念，管理人员专门为他准备了一间办公室，并在门口挂上"技术部主管"的牌子。于是这位普通的技工，摇身一变升为技术部主管了。

车间里的同事纷纷祝贺这位技术人员，恭喜他升职了。他觉得不仅公司开始重视自己，自己的能力也得到了其他同事的承认，从此干劲十足，再也没有出现过生产线停机的问题。

这家企业的管理人员虽然没有给他另派助手，也没有降低工作量和工作时间，更没有按照公司的处罚制度来惩罚他，只是用了升职的手段，却让对方感到非常满意。这其实正是奖罚手段运用的艺术所在。

企业管理中，激励手段无非赏罚两种，诸如警告、纪律处分、经济处罚、降职、降薪、淘汰等，都是一些负面激励，即是罚；而肯定、承认、赞扬、奖赏、信任等，则是具有正面意义的激励，即是赏。企业不能只运用负面激励来鞭策员工，负面激励一旦产生偏差，员工就会有所计较，导致组织管理者的权威受损，甚至让组织管理形同虚设。

罚是伤人的方法，有时候并不十分奏效。因此，管理者应该活用赏与罚，以赏代罚有时候可出勇者。以赏代罚包括几方面的意义：第一，奖赏工作有成绩的人，鼓励他的勤奋；第二，奖赏遵守规矩的人，鼓励他的正直；第三，奖赏对企业忠诚的人，鼓励他的忠心。这些奖赏要在众人面前进行，树立员工榜样，达到奖赏的目的。

鼓励先进，还是惩罚落后，是管理者应该思考的问题。对于犯错和落后的员工，我们不能不给予处罚，但要知道正面鼓励比负面压制更能激发人的潜能。在企业管理中，管理者要善于运用以赏代罚的方法来激发员工的积极性，用正面肯定代替负面责备，为员工树立优秀的标杆，给企业塑造积极向上的正能量。

小题大做，严防"破窗效应"

关于破窗理论，美国斯坦福大学心理学家詹巴斗进行过这样一项有趣的试验：

　　把两辆一模一样的汽车分别停放在两个不同的街区，其中一辆原封不动地停放在帕罗阿尔托的中产阶级社区；而另一辆则摘掉车牌，打开顶棚，停放在相对杂乱的布朗克斯街区。结果怎样呢？停在中产阶级社区的那一辆，过了一个星期还完好无损；打开顶棚的那一辆，不到一天就被偷走了。后来，詹巴斗把完好无损的那辆汽车敲碎一块玻璃，仅仅几个小时，这辆车就不见了。

　　以这项试验为基础，美国政治学家威尔逊和犯罪学家凯林提出了"破窗理论"。他们认为：如果有人打坏一栋建筑上的一块玻璃，没有及时修复，别人就可能受到某些暗示性的纵容，打碎更多的玻璃。久而久之，这些窗户就给人造成一种无序的感觉。在这种麻木不仁的氛围中，犯罪就会滋生、蔓延。

　　在日常生活中，我们也经常会见到这样的现象：一面墙上如果出现一些涂鸦没有清洗掉，很快墙上就会布满乱七八糟、不堪入目的东西。一间房子如果窗户破了，没有人去修补，不久，其他窗户也会莫名其妙地被人打破；在一个很干净的地方，人们会很不好意思扔垃圾，但一旦地上有垃圾出现，人们就会毫不犹豫地随地乱扔，丝毫不觉得羞愧。

　　在企业中，对于违反公司程序或规定的行为，如果管理者没有进行严肃处理，没有引起员工的重视，类似的行为一定会再次甚至多次发生；对于工作不讲求成本效益的小细节，如果管理者不以为然，下属员工的浪费行为得不到纠正，必定会相互模仿，最终给企业带来更大的损失。

这正是"破窗效应"的表现，它给企业管理者带来的启示就是：员工的小恶言行不容姑息，必须及时处理第一个以身试法的人。

一些管理者大概会说：那要看是什么事情了，大的错误当然不能姑息，但是一些无伤大雅的小错误，就用不着小题大做了吧，为芝麻小事兴师动众，实在是小题大做，多此一举。殊不知，这种观点是最要不得的。

一个最简单的例子：如"员工戴安全帽上班"是企业的一项规定，可是有一天，某员工没有戴安全帽上班，也没有得到相应的处理。这就意味着，企业管理者的一种纵容和默许。这时候，一定会有其他员工这样想："有人不戴安全帽了，明天我也不戴。"渐渐地，就会有一小批人不戴安全帽上班，进而发展到一大批人不戴安全帽上班，最后"员工戴安全帽上班"的规定就不再成为规定。

如果这样的事情越来越多，必然会出现"有制度不依，执行制度不严，违反制度无所谓"的现象，制度的执行力严重下降，内部管理混乱成为必然。

这是因为员工的心理状态和个人素质虽然千差万别，但个体受到群体压力的影响后，便会让自己的认识和行为与多数人保持一致，并且认为多数人的判断和意见是正确的，或他们提供的信息更全面、可靠，从而导致从众。个性倾向有依赖性，无主见或缺乏信心的人，也有可能违心从众。

中国有句古话叫"千里之堤，溃于蚁穴"，即便是再微小的破坏，最终也会造成毁灭性的后果。尤其是如今已经进入信息资讯高度发达的媒体时代，互联网和现代信息通信技术为人类提供了信息高速公路，同时也为企业提供了信息超级放大的机会。一旦企业因为疏忽而出现"破窗"式的负面消息，就会通过网络迅速传遍全世界，其传播速度之快、范围之广，是其他传媒无法比拟的。

例如，在某次自然灾害事件之后，某企业有员工在内部交流平台公开发表了针对灾害捐款的不当言论，却没有引起企业管理者的重视。结果，言论截图被转发至网络，迅速发酵，引发众多网友对该企业的口诛笔伐。"破窗"由此产生，该企业也迅速陷入信任危机，最终以企业董事长公开向外界正式道歉而结束。

如果这个企业的管理者一开始就能够意识到问题的严重

性，而不是选择"忽略小问题"，一定不会发展到需要董事长公开出面道歉才能结束的严重局面。这正是所有管理者都需要牢记和警醒的教训。

因此，每个管理者要好好体会"破窗理论"的内涵，在管理工作中注意从细节事件抓起，从小事件抓起，当第一个"破窗者"出现时不妨"小"题大做，根据制度给予严肃处理，让员工有一种"小事也是大事"的压迫感，井然有序、安定和谐良好氛围的形成也将成为一种必然。

除此之外，当第一个"破窗者"出现时，管理者还要寻找企业制度漏洞，及时改进，尽快建立防范机制，也就是说要"管好窗"，让"企图破窗的人"无法下手，避免造成更大的危害。比如在抓安全生产时，要有预见性地发现隐患，及时消除，防患于未然。

对于该淘汰的员工，一定不要手软

对于员工的奖惩，企业管理者一定要做到心中有数。企业需要什么样的员工，如何吸引他们、留住他们；企业不需要什么样的员工，如何筛查、淘汰，都是管理者的职责范畴。很多时候，大家会有一种错误的认识，那就是没有犯错就不必罚，但这样的想法在管理学上是完全错误的。

一个合格的企业管理者，如果发现员工待在他不应该待的岗位上，必须要意识到这首先就是一种错误。即便这个员工没有明显的过错，管理者还是要尽快采取行动。因为对企业而言，凡是不利于企业发展的，一律为错，接受惩罚。

2017年3月，马云在湖畔大学的课堂上，再次提出自己对企业内部人才的分类观。在这之前，阿里巴巴对于员工的考核指标一直包含一项名为"价值观"的指标，由企业管理层根据员工的表现来判定。价值观包括勤奋、工作态度、对公司文化的认可度等指标。根据业绩和价值观表现，阿里将员工分为三大类：

猎犬：价值观与企业文化高度一致，业绩能力也很出色，是马云重点培养的人物。在当年，张勇和彭蕾都是优秀的"猎犬型"员工。

野狗：个人能力很强，业绩也非常好，但是价值观不行，团队配合度差。比如，经常抱怨公司文化，马云认为这对企业危害度很大，必须彻底清理掉、踢出去。

小白兔：非常听话，热情又善良，价值观强，但是业绩很差。马云认为，小白兔也要毫不留情地淘汰掉，企业必须以业绩和利润为核心，不是救济中心，小白兔越多，说明企业的整体战斗力越差。

很显然，相对于对企业危害度很大的"野狗"，小白兔看上去人畜无害，似乎没有理由把他们开掉。如果管理者是这种想法的话，他已经是在伤害自己的企业了。作为管理者，他的工作内容之一就是通过引入目标达成奖励与末位淘汰机制，对员工进行有效激励。也就是说，留住好的，淘汰差的，以增强员工的危机感和紧迫感，提高员工的工作质量和工作效率，推动组织的整体进步。

这种奖惩措施是激励创新顺利开展的前提，虽然在用工方式上很难做到真正的优胜劣汰，但在激励制度上要表现出来，重要的岗位安排能力强、上进心强的员工，对激励效果不明显的员工要体现"减员增效"的原则，把最合适的人安排到最合适的岗位上，才是激励机制发挥效果的关键。相反，如果没有强有力的淘汰措施，员工可能会感到压力不足或动力不足，长久以往，对待公司设定的目标会淡漠处置。

需要注意的是，管理者在管理企业时，不要过度担心惩罚带来的负面效果，有时候要有杀伐决断的魄力，该批评就批评，该辞退就辞退。比如，扰乱军心的"野狗"，盲从又不思创新的"小白兔"，这两类人对企业的发展起不到任何作用或作用甚微，成为企业未来发展的负担，给企业拖后腿，必须果断淘汰。

如果将一匙酒倒进一桶污水中，我们会得到一桶污水；如果将一匙污水倒进一桶酒中，我们仍将得到一桶污水。这就是著名的酒与污水定律，用中国的俗语来说，就是"一颗老鼠屎坏了一锅汤"。

管理者的首要职责，就是把这颗"老鼠屎"找出来，并从企业中剔除出去。这项工作听起来轻松，实际上则需要一定的管理技巧和管理经验。

王然是某企业的人力资源部部长。最近一段时间，他综合各方面的信息，判断出公司的一位业务主管意图在资金无法收回的情况下离开公司，而且有迹象显示他准备带走公司的客户和业务，以及有关公司商业秘密的档案资料。

掌握这一信息之后，王然让营销部特地安排这位主管到外地出差两天，当他离开办公室后，立刻派人将他的办公室查封，并取走由他保管的公司档案资料。当这位主管回到公司后，他的办公桌上放着一张解聘书。

这件事在公司引起轰动。要知道，这位主管也算是跟随老总打天下的元老级人物，即便犯了错误，也没有人想到公司会直接开除他。而身为人力资源部部长的王然，坚持自己的意见，并且得到公司董事会的支持。

毕竟，比起老总的私人感情，公司的发展前途更重要。虽然直接开除的做法有点儿极端，但是管理者对于这样的员工要有杀伐的决断，否则将会遗患无穷，给公司造成更大的损失。

当然，淘汰员工这件事情也有技巧，管理者应该选择对公司最有利的时机去做这件事。比如，应该寻找解雇员工的合适地点。解雇的地点可以是任何地方，要考虑管理者想传达什么样的信息。比如，一家公司老板想要解雇一名经理，他希望可以通过解雇他发挥以儆效尤的作用。于是，他将公司一百多名员工全部召集到会议室开会，当着全体员工的面炒了这位经理的鱿鱼。

另外一个企业的销售部门员工，因为末位淘汰即将被解雇，人事部选择了低调处理，在解雇之前，业已安排销售部主管妥善处理该员工手里的客户资源和工作任务，然后才通过个人通知的方法将其解雇。这样一来，最大限度地减少了因解雇他给公司其他员工带来的震动和对公司的伤害。

对于企业的领导者和管理者来说，解雇员工是他们必须面对的棘手难题。毕竟开除或解雇员工，对任何公司的管理者来说，都不会是一件快乐的事。这其实反映了公司存在的某些缺陷或不足。但从另一角度思考，解雇那些该被淘汰的员工，对企业发展是一件极大的好事，管理者应该毫不犹豫、绝不手软。

PART TWO

管理激励化，
员工干劲不会差

第 5 章

目标激励：
共同愿景，引出强大凝聚力

众所周知，人们不会追随一位连自己要去哪里都不清楚的领袖。企业领导者和管理者的领袖力，首先体现在对企业愿景的确立上。一个企业如果没有前景的吸引，就无法形成强大的凝聚力。优秀的领导者和管理者必然是在企业发展蓝图上描绘诱人图画的那个人。如同个人要有理想一样，企业也要有理想，企业的理想是企业所有成员为之振奋的奋斗目标。

领导者和管理者不仅要为企业建立梦想，还要把这份梦想分享给每位企业员工，最终形成共同的企业发展愿景。

给员工明确的目标和方向

苏格拉底是古希腊著名的教育家和思想家，他最喜欢用提问的方式来教导年轻人，而且非常善于因材施教。在他的学生当中，就有著名的哲学家柏拉图。

柏拉图是苏格拉底非常喜欢的学生，他有一个弟弟叫格老孔，是个非常高调的年轻人。在他 20 岁的时候，就给自己定下了非常宏伟的目标：他想要成为整个城邦的领袖，带领城邦走向富裕和幸福，带着荣耀站在所有人的面前，发表演讲。

当然，对于年轻人而言，有理想是好事，但是很显然，这个理想对他来说有些不太现实。在柏拉图看来，这个弟弟缺少天赋，也没有在后天系统地学习过这些事情。他对弟弟的理想非常担忧，生怕他脑子一热就登上讲坛进行演讲，最后让全家人成为笑话。

作为柏拉图的老师，苏格拉底自然不能对这种情况视而不见，于是他找到柏拉图的弟弟，先是假装做出对格老孔的想法很有兴趣并且很赞同的样子，这让格老孔非常高兴。但是几句话以后，苏格拉底就开始提问。

"你想要成为城邦的领袖，就要有足够的贡献。你有什么想法吗？"

格老孔显然想过这个问题，他回答苏格拉底："我要让城邦富裕起来。"

苏格拉底又问："那么，如何才能让城邦富裕起来呢？"

格老孔迅速地回答说："当然是增加城邦的税收。"苏格拉底进一步逼问："那么，如何增加城邦的税收呢？城邦今年的税收总数是多少？现在的税收都是从哪里来的呢？"

一连几个问题，让格老孔哑口无言。接下来，苏格拉底又问了格老孔很多关于治理城邦的问题，他没有一个回答能让人满意。

这时候苏格拉底对格老孔说："想要让一个城邦富裕，不如尝试先让一个家庭富裕起来。如果你有想法，可以说服你的家人，从你哥哥开始。如果你连你的哥哥都说服不了，就干脆不要做了，一家人都说服不了，又要如何说服一个城邦呢？"

事实就是如此，能够做到的理想，才是好的理想。有些理想虽然远大，但是却不具备可操作性，这种理想就叫作好高骛远。对于一个企业而言，理想代表着企业的战略发展目标和愿景，这个愿景就像指南针一样，将成为企业员工行为和个人行为的动力源。

企业领导者不但要有远大的理想，而且要在拥有远大理想的同时，把远大理想具体化为一个个具体目标。就是说，必须为企业发展提出一个明确的战略目标，并将其注入员工的内心，这才是切实可行的企业愿景。

有人经过一个建筑工地，问那里的石匠在干什么，三个石匠有三个不同的回答：第一个石匠回答"我在做养家糊口的事"，第二个石匠回答"我在努力成为最出色的石匠"，第三个石匠回答"我正在建造一座世上最伟大的教堂"。

很显然，三个石匠的回答给出三种不同的目标：第一个石匠说自己做石匠是为了养家糊口，他的目标只在眼里，只考虑自己的生理需求，没有大的抱负；第二个石匠说自己做石匠是为了成为全国最出色的匠人，他的目标在脑子里，只考虑自己要成为什么样的人，很少考虑组织的要求；而第三个石匠的回答说出了目标的真谛，这是真正把目标放在心里的人，他们思考目标时会把自己的工作和企业的发展相关联，从企业价值的角度看待自己的发展，这样的员工才会获得更大的发展。

我们可以这么说，第三个石匠是一个具有管理者思维的人，他用自己的工作影响着企业的绩效，在做石匠工作的时候看到了自己的工作与建设大楼的关系。这种人的想法是难能可贵的，从管理学的意义上说，个人的目标与企业的目标越一致，这个人的潜能发挥得就越好，他也就越有发展。

梦想和成功往往是对未来的一种憧憬，是我们脑海中对将来的一种美好描绘。但这并不意味着梦想就是空中楼阁，是一幅遥远的图像。真正有梦想并且致力于把梦想变为现实的人，都会在心中清晰地描绘自己的梦想，对于梦想图像中的每处细节，他们都了然于心。这正是好高骛远之人与脚踏实地之人的本质区别。

企业的愿景也是如此。任何的企业发展战略、目标愿景，都要明确而详尽，让员工一目了然，可以看到努力的方向。企业领导者不仅要有明确的企业发展目标、愿景，更要有将目标、愿景注入员工内心的能力。只有将眼前的目标一个个地组织起来，铺成一条道路，才能保证企业员工沿着正确的方向和道路前行。

所以，制定企业发展目标的时候，不应该太过遥远，更不应该是空中楼阁，而是要实实在在，让员工能够看得到、摸得着，就像战场上的旗帜，无论何时都要让员工一眼就能看到，这样他们的努力才会有明确的方向。

卓越的企业领导者对梦想的清晰远见和执着，已经成为他自身的一种特质和人格魅力，而这种魅力要通过企业愿景和目标传达给每位员工。如果企业中的每位员工能够在领导者的身上看到企业的目标和方向，这个企业必然拥有强大的凝聚力，发展得越来越好。

愿景越具有挑战性，越能激发崇高感

星巴克总裁霍华德·舒尔茨说过这样一句话："如果你每天做梦，你的梦想会变得越来越大。"

对个人而言，正所谓"心有多大，世界就有多大"，只要敢于梦想，它就会变成我们每天坚持努力的动力。每天早上起床，不妨检查一遍心中的理想是否还在，如果我们能够做到这一点，相信理想的实现，只是早晚的事情。

同样，企业也需要有远大的理想，它必然由企业领袖负责建立。一个优秀的企业领袖，必须要敢于给企业制造更大更长远的目标和愿景。这样的挑战不仅能够成就领袖，同样也能够成就企业。

日本东芝公司在总结企业发展的成功经验时，曾指出激励员工的关键就是制定更高的发展愿景。他们认为，当一个员工能挑 50 公斤的担子时，而你只给他 30 公斤或 20 公斤，不仅难以发挥员工的能力和创造力，也会极大地挫伤员工的积极性和主动性。

相反，当员工承受的"担子"重量超过他日常的负荷能力时，他却会全力以赴地迎接挑战，想方设法提高自己，完成工作任务。试想，一个企业如果人人都对自己持有更高的期待，渴望更大的成功，愿意尝试更高的挑战，这个企业的发展潜力将是无与伦比的。

1980 年，西蒙伊加盟微软公司，之前他已经在 IT 行业取得了不俗的成绩，原以为自己在微软的工作会很轻松，但是很快就发现，盖茨给他的工作如此富有挑战——进行电子表格程序、贸易图形显示程序和数据库应用程序软件的创作。

正是微软提供的舞台，让西蒙伊找到挑战自我、挑战极限的快感，最终凭借自己的努力完成了 3 个软件的创作。几年后，微软开始开发 WINDOWS 操作系统，当时已经是微软商务经理的鲍尔默挺身而出，承担起开发的责任。盖茨表示，如果 WINDOWS 软件不能在 4 年内上柜台销售，他就要鲍尔默走人。

在当时，这个挑战性的工作几乎是一个不可能完成的任务，不过鲍尔默却体验到了挑战的快乐。他废寝忘食地投入开发工作，常常为了几行代码纠错奋斗到深夜。最终，他没负盖茨所望，4 年内成功地把 Windows 3.0 推向市场，不仅使自己声望大增，还赢得了总裁的位置。

对此，盖茨解释道："如果给你一个相对容易的挑战，可能你的潜力发挥到 70% 就被限制住了，在微软，我们是做软件，需要人的创造力。所以，微软从来都很重视挑战性，我可以给你资源，给你方向，给你鼓励，让你去达到 100%。"

除了职位和薪水之外，企业员工还能有什么终极追求呢？比尔·盖茨给出的答案是：挑战，即对员工不断地提出更高的要求，让他们开展具有挑战性的工作，为他们提供新的成功机会。

的确，一个真正吸引人的公司，应该是一个能够让员工不断挑战自我的公司。如同喷泉的高度不会超过它的源头一样，思想的高度决定了一个人的人生高度。人只有不断地挑战，才能使自己的思想更积极，眼界更宽阔，进而激发内在的潜能为无限的成就，未来就有可能"会当凌绝顶，一览众山小"。

更重要的是，这些被委以重任的员工，在这种激励的鼓舞下，能够深刻地体会到领导层对他的信任和期望，感受到晋升的可能，从而激发出强大的精神动力，不遗余力地投入工作，形成良好的企业文化氛围：人人都对自己抱有较高的期待，人人都渴望更大的成功。这对企业无疑是非常有利的。

具有挑战性的企业发展愿景，对于员工而言，是一种激励。企业的理想源于愿景，它比现实更美好，目的就是使美好的未来和宏伟的憧憬变成现实，受到感召的员工会以坚忍不拔的毅力、顽强的拼搏精神和开拓创新的行动，为之努力奋斗。

美国一位名为克雷格的管理顾问说："设立高期望值，能为那些富有挑战精神的贤能之士提供更多机会，这是激励人才的关键。"能力出众、斗志昂扬的员工，更喜欢迎接挑战，如果管理者能不断地提出高标准的目标，为他们提供新的成功机会，他们的潜能就会不断地释放，拥有更为优秀的表现。

一个合格的企业领导者，所必需的特质之一，就是赋予企业远大的理想。这已不仅仅是他个人的理想，而且是整个企业未来发展的愿景。一个宏伟的发展目标，可以让所有的企业员工看到企业未来的样子，看到希望，燃起接受挑战的斗志。一个人有挑战，才会去奋斗，同样，一个企业有挑战，才能更好地发展、壮大。

中国古代有这么一个传说：鲤鱼只要跳过龙门，就可以变成龙。这个传说的美好之处在于，它让勇于接受挑战这件事具有了崇高的仪式感，这种仪式感所带来的激励，是所有物质手段所无法比拟的。

作为企业的领导者和管理者，无论是对企业愿景还是愿景的传播，以及对理想的坚信，都建立在勇于接受更大挑战的基础之上。只有拥有远大理想的人，才有能力肩负起领导企业的重担；只有那些面对远大理想敢于接受挑战的员工，才能帮助企业发展得更好。

用共同愿景影响每个员工

目标对每个人的发展都非常重要，这是毋庸置疑的。对于企业和团队来说，也是如此，每个企业或组织都需要为自己设立目标。一个清晰而具体的目标，可以让员工很快明确工作内容及先后顺序，或者让那些对特定工作尚不了解的员工少走弯路。

日本一家名叫大荣的企业总裁中内功，在企业管理上有着自己独特的一套方法。他设计了一套属于企业的独特口号："第一，努力工作，为顾客提供高质量的生活服务。第二，真实诚恳，为不断提供物美价廉的商品而劳动。第三，热爱顾客，热爱商店，努力不已。"

这三句口号被大家称为"大荣誓词"，每位进入企业的员工必须能够随时熟练背诵出来。总裁中内功希望用这样的方式，把"大荣誓词"深深植入每位员工的内心深处。

他之所以这么做，是希望通过这样的方式能够统一员工的思想，规范他们的行为，形成具有自己个性的经营思想，让每个员工都清楚明白地知道企业对他们的要求，从而创立大荣在市场中的良好形象。可以说，这套"大荣誓词"是大荣公司经营哲学、价值取向以及公司精神的结合体，是体现大荣价值追求的形象口号。

此外，大荣总店和分店实行连锁经营，从视觉上统一标识、统一认识。办公用品规格化，员工服饰标志分明，进一步弘扬和实践了大荣的经营理念，使员工认识到这是一个优秀的团队，愿意为企业发展奉献力量，进而极大地提高大荣的知名度，使大荣在市场上脱颖而出。

要知道，如果使员工为了实现公司目标付出努力，就必须使他们清楚企业管理者对他们的要求。对于管理者来说，能把企业的管理要求以通俗易懂、简洁明了的方式和盘托出，清清楚楚地传达给团队成员，是至关重要的。

共同目标是企业所共同持有的"我们想要创造什么"的一种愿望，始终为企业指明前进的方向，指导着企业的经营策略、产品技术、薪酬体系甚至商品摆放等所有细节，是企业的灵魂。当这种共同愿望成为企业全体成员的一种执着追求和强烈信念时，它就成了企业凝聚力、动力和创造力的源泉。

的确，一个有凝聚力的团队，必然建立在相同的目标之上。试想，如果大家没有一个共同的目标，必定无法使所有人的力量凝聚在一起。就像 10 个大力士去推一辆货车，他们不是朝着一个方向使劲，而是你朝东，我向西，最终的结果可想而知。

对于一个团队来说，共同目标的建立，就像灯塔一样，不仅为航船指明前进的方向，还能给航船以前进的精神动力，产生一股较强的感召力，创造出众人一体的感觉，使各种不同的活动融合到一起。这样的景象无疑是任何组织单位都追求和期望的，这种工作氛围可以展现每个成员的才华，形成强大的合力。

无独有偶，迪士尼的老板也讲过一句话："你来到迪士尼公司，要么做迪士尼，要么做你自己。"这句话的意思，其实就是：每个个体发展的目标要服从团队的共同目标，整个团队的力量才会得到提升，否则便会给企业和团队带来损失。管理者一定要将这个观念灌输给团队的每个成员。

企业的共同目标一旦建立，就会深入每个员工的内心，让大家在潜移默化中有了共同的目标和追求。这其实正是企业文化诞生和形成的过程。在发达国家，许多企业纷纷将自己的目标和追求用简练概括的语句表述出来，冠以"企业哲学""企业精神"的名目，力求在员工中达成共识。实践证明，这种明确化了的价值观念，在凝聚力量、统一思想和行动方面都能起到重要作用。比如，迪士尼公司灌输给所有员工的目标是"让人们快乐"；惠普公司的则是"为人类的幸福和发展做出技术贡献"；玫琳凯化妆品公司的是"给女性无限的机会"……

这些知名企业会用共同的目标和愿景统一员工的思想，让所有加入企业的成员在内心树立起相同的企业愿景，这样才能从思想层面更深地影响员工，激励员工。

可见，管理者在鼓励企业成员为自己打拼之前，一定要让企业的目标和员工的目标相一致。我们再回过头看"你来到迪士尼公司，要么做迪士尼，要么做你自己"这句话，就会有更加深入的体会和理解。

相信每个员工都有自己努力的目标和方向，但一旦融入团队，就要处理好个人目标与团队目标间的关系。作为管理者，只有让员工深刻认同共同的目标之后，看到自身在企业中的定位，看到自身的历史责任，才能使他们感到自己隶属于一个优秀的团队，感到自己极具敬业精神、乐于奉献，进而更好地为这一共同目标而奋斗。

总之，管理者要致力于在企业和员工之间塑造一个共同的目标，创建共同的价值立场和价值理念，这是引发员工积极性和工作动力的重要手段。员工认同企业，企业也认可员工，这样激励便非常有效。

"知情权"是对员工最好的激励

20 世纪 90 年代初，美国飞机行业巨头波音公司忽然召集所有员工观看一部内部发行的视频短片，内容是这样的：一个天色灰暗、让人倍感压抑的环境中，很多员工垂头丧气，拖着沉重的步伐，从工作了多年的工厂黯然地离开，而厂房上还挂着一块"厂房出售"的牌子。与此同时，公司的播音喇叭正在进行广播："今天是一个特别的日子，它宣告着波音企业的终结，它已经关闭了最后一间厂房。"

在场的所有员工惊呆了，他们完全想象不到，公司竟然会召集大家观看这样一部短片，就如同给活人举办葬礼一样荒唐。

就在大家议论纷纷、交头接耳的时候，波音公司的总裁登上主席台，面对大家的疑虑，他只讲了一句话："如果我们公司不进行彻底的改革，这一天将很快到来。"

原来在当时，波音公司的产品产量大幅下降，企业出现了前所未有的危机。为了让企业走出发展的低谷期，波音公司的领导者经过商议，决定采取"以毒攻毒"的方式，将企业危机原原本本地告知全体员工。于是，波音公司决定通过自曝惨状的方式，刺激全体员工，以求获取全体员工的支持，先行拍摄了一部公司倒闭的"虚假新闻"，播放给全体员工。

在员工看到这部虚拟的片子之后，他们强烈地意识到市场竞争的残酷无情，随时都可能吞没整个企业，只有团结一致、努力拼搏，才有可能在这个大浪潮中杀出一条属于自己的路，开创一片新的天地，否则这个虚拟新闻就有可能变成现实。

波音的前总裁菲利普·康迪特事后评价此事时说："我们当时的根本目的，是为了确保在十年之后，还能在电话簿上查到自己的公司。"

当员工得知公司陷入前所未有的危机时，深知如果不积极面对，危机只会更加严重。所以，他们更加努力工作，注意节约公司的每一分钱，充分利用每一分钟，从而使得波音工厂的飞机制造业迅速发展。仅在当年，波音飞机制造厂制造飞机的成本就减少了上亿美元，经营成本也降低五分之一到三分之一。

当波音公司的发展出现危机时，企业领导者不是选择掩盖公司危机，而是让企业员工都感受到这场危机，以此激发员工的忧患意识和艰苦奋斗的精神，帮助企业顺利渡过难关。

在企业经营过程中，它难免会出现很多难以解决的问题，但千万不能隐瞒，要将真实的情况告知每位员工。如果管理者不能将公司的有用信息告诉员工，就有可能让员工努力的方向与企业产生偏差。

对于大多数员工来说，知道公司的实际情况永远比不知道要好，即使他们听到的是坏消息。这个时候，员工能够根据实际情况，而不是按照自己的想象来处理问题。及早地公布真实情况，可以让员工尽快地接受现实，并采取措施。

在任何企业中，无论是管理者还是普通员工，从上到下，没有一个人愿意被蒙在鼓里，成为对企业运作一无所知的局外人。一个充满进取气氛的企业，人人都渴望深入企业经营第一线，能够在第一时间了解企业经营动向和决策，而不是接受转了好几手的信息。

无独有偶，日本松下的"透明式经营法"，就是给予员工知情权，从而激发员工的积极性，为企业发展创下一个又一个的高峰。

公司成立初期，松下幸之助就对手底下的七八名员工，开诚布公地说明了公司每月的亏损和盈余情况。一开始，大多数员工持半信半疑的态度。因为在当时，没有哪个公司的老板会这么做，他们大多认为松下幸之助不过是在员工面前摆摆谱，笼络大家罢了。

可是没多久，大家发现松下幸之助的态度是真诚的，因为公司每月的财务信息都会透明地向员工公布。这种做法让员工感激之余，还会更加努力地为企业发展做贡献。他们能够直接看到，每月因为自己的努力能为公司创造出来的业绩，进而产生一种共识：要在下月更加努力工作，取得更出色的业绩。

当松下幸之助的电器企业逐渐做大并开设分厂的时候，也延续了这种开诚布公的激励政策，分厂负责人每月在向总公司报告亏盈时，也同样向全体员工公开。

后来，松下幸之助将这种做法命名为"透明式经营法"，这是企业管理学中的一个经典案例。松下幸之助对员工的坦白，其实是对员工的一种激励。这种激励方式，使很多员工很少对公司提出这样或者那样的要求，管理者和员工建立起了一种信任、和谐的劳资关系。

我们常说："员工能与企业同甘共苦，那么企业必定是优秀的。"作为企业管理者，他们最希望的就是员工能够团结一致，为企业做出奉献。但想着容易，实现起来就有难度了。不过，松下幸之助的"透明式经营法"，对凝聚企业力量很有帮助。开诚布公，给予员工知情权，有助于管理者和员工能够团结一致、同心同德。

作为管理者应该明白，给予员工知道企业发展情况的权利，并不仅仅是团队内部透明化管理的举措，在深层意义上，它也是一种激励员工的手段，是把员工当作合作伙伴的象征。这会让员工发自内心地感受到自己得到了企业的重视，拥有了经营的参与感。这种精神层面的激励，是任何奖励手段都无法取代的。

第6章

— — — —

责任激励：
授权到人，激发员工内驱力

员工口中的糟糕领导通常只有两种：一种是什么都不管，另一种是什么都管。通常来说，企业做得越大，员工组织也就越庞大，管理者的能力再强，也不可能凭靠一己之力管理好企业，这就需要企业管理者懂得对下属进行授权。

授权的前提就是要让每个被授权的员工知道自己的工作责任，知道为自己的权利负责。在这个过程中，如何掌控权衡，最大限度地激发出下属的潜能，是每个企业管理者和领导者都要思考的问题。

要想"用兵"，先要"练兵"

吉姆是某知名家居公司研发部的一名设计师，出色的设计嗅觉让他的设计充满灵性和时尚感。不到一年的时间，他先后拿下几个大客户的设计项目，并获得客户的一致好评。

因为表现出色，总经理很快便将吉姆晋升为研发部经理。在此之前，还从未有员工能如此迅速地晋升为中层管理人员，吉姆心里挺开心的，心想："老板对我这么信任，我一定要好好干。"

然而，仅仅半个月之后，困惑就来了。

因为设计岗位与管理岗位所需的知识、技能和态度完全不同，面对突然降临的晋升机会，吉姆在管理能力上的不足很快就暴露了出来。

管理能力不足，下属都看在眼里，虽然吉姆的设计作品很优秀，但在管理岗位上，吉姆很难树立领导者的权威，干什么都没底气，没自信，又得不到他人的帮助，寸步难行，状态一落千丈。

要知道，晋升作为激励员工的手段之一，其实是有大学问的。晋升并不是简单地给对方一个更高的头衔就够了，而是一个交付工作、承担责任的过程。如果晋升的员工挑不起这个担子，这种晋升就毫无用处，甚至本末倒置，仅仅意味着公司又增加了一位名不副实的高级经理。

正确的做法是，先扩大下属的责任范围，等到证明他确实有足够的工作实力，能够适合将要从事的新职务之后再授予头衔。这样一来，公司的其他下属也不会有任何异议，因为他的这个头衔是用能力换来的。这一原则是"德才兼备"标准和"量才任职"原则的引申和具体化。

刚刚大学毕业的王云笛进入一家出版社担任编辑工作，很快，她就展现出了过人的才华，不仅稿件质量好，工作效率高，而且做事干脆利索，表现出超越年龄的干练。

这些都被社长看在眼里。他一直觉得自己需要一个得力的助手来管理出版社的日常工作，而王云笛正是他心中的合适人选。

不过考虑再三之后，他觉得王云笛虽然在出版社的成绩有目共睹，但并没有立即提拔她，而是把更多的工作分配给她，包括一个比较难的选题。在以往，这种选题一般是编辑部主任才能够做出来的。

接下任务后，王云笛夜以继日地忙碌起来。这个项目选题十分重要，完全没有经验的她，通过请教同事、大学老师以及上网查阅资料等，非常认真地处理遇到的每个问题。最终，她没有辜负社长的重托，拿出一份非常完美的策划。

更重要的是，在此期间，王云笛认真负责、踏实卖力的工作表现，给其他同事留下了深刻印象，她的完美策划也引来同事们的一片喝彩声。

随后，社长正式任命王云笛为编辑部主任。对于晋升，王云笛在承担起这份沉重的责任时，恰恰也得到提升能力的好平台。她依旧尽职尽责，不仅创造出很好的业绩，还带出了一支十分优秀的编辑队伍。

同样是晋升，王云笛与吉姆截然不同的命运，给我们带来了哪些思考呢？

企业管理者一定要记住，晋升是在培养一个人，而不仅仅是提拔一个人，培养的效用要远远大于提拔。员工只有能够胜任将要从事的新职务，并且确实能够取得实际工作成绩时，方可予以提升。

在一个职责划分明确的公司里，扩大下属的责任范围，给予他特别的任务或者挑战性计划，可谓晋升最可靠的方法。

举几个例子来说，工作表现杰出的员工，你可以送他去接受更高层次的职业训练，也可以让他负责训练别人，这样他就能扮演一个较活跃的角色；对于最优秀的员工，你可以让他扮演部门与人事部门的联络人的角色，也可以让他担任其他部门的顾问；假如你们有跨部门的问题、计划，或部门之间共同关心的事情，可以让这位最优秀的员工代表你，与其他部门的人组成一个合作团队。

而且，如果一再地给一些杰出员工特殊的责任，或者让他参与挑战性任务，无形中已经告诉大家说，你对这个人非常器重，其他员工必然会注意到这种情况，受这种情况的启发，他们还会奋起直追，想要获得同样的器重。如此即便没有晋升机制，同样会起到激励员工的功效。

如此看来，管理者通过晋升方式激励员工的过程中，不妨先尝试扩大下属的责任范围。相对来说，能力是容易培养和锻炼的，责任感的培养则相对困难很多。能够承担责任的人，他的工作能力也会有所提高，哪怕起点低，都没有关系。

经历这个过程，员工的个人能力得到提升，自然就可以担当更大、更重要的责任，这是一个管理者的良性发展之路。当然，管理者在用人的时候，也要尽量做到责任与能力相匹配，敢于给能力还不是太够的人压担子，扩大他们的责任范围，用具有挑战性的目标激发他们的潜力，从而促使他们提升自身能力。

重结果，轻过程，才能培养出人才

美国通用汽车公司总经理斯隆，在聘请著名管理学家德鲁克担任公司管理顾问时，第一天上班就告诉他："我不知道我们要你研究什么，要你写什么，也不知道该得出什么结果，我唯一的要求就是希望你把认为正确的东西写下来。你不必顾虑我们的反应，也不必怕我们不同意，尤其重要的是，你不必为了使你的建议为我们接受而调和与折中。在我们的公司里，人人都会调和与折中，不必劳驾你，你当然也可以调和与折中，但必须告诉我们'正确'的是什么。"

斯隆总经理的这番话，其实透露出一种独特的管理模式，那就是"重结果，轻过程"。即企业管理者不以任何形式把自己的主观意志强加给企业团队成员，而是积极地为他们创造一个独立工作的环境，尊重他们工作的独立性，不干涉他们的工作，让他们最大限度地发挥自己的才能，拿出自己的工作成果。

国内一些企业管理者，往往缺乏这方面的意识，他们总是喜欢把自己的一些指示、意见详细地吩咐给下属人员，更有甚者，会在分配任务之前先拿出一个详细的执行步骤，然后让企业成员按部就班地完成和考核。这样做只会给企业成员完成工作造成障碍。这种自欺欺人的做法，也会妨碍领导者做出科学的决策。

可以想象，如果企业管理者每次给下属分派工作，从开始到结束，事无巨细，要求得非常具体、详细。比如布置企业展览室，放多少把椅子，买多少装饰植物、水果，会标写多大的字、找谁写、用什么材质的纸等，都要一一过问，一开始时，员工尚能接受，但时间一久，必然会产生弊端。首先，大家不太情愿了，感到他被管得太细太严了，管理者变成了"管家婆"，自身也会受累于这样的事无巨细。

事实是很多事，企业管理者无须关注过程，只要向员工下达工作目标，最后考核结果就可以了，不必过于关注每个细节。比如，让员工推销一批商品，管理者只要告诉他销售定额和经济合同法的知识就可以了，没必要告诉他到哪家商店去，进门怎么说，出门怎么道别。又如，让下属编制一套管理软件，只要提出要求就可以了，没有必要告诉他使用哪种语言。

张伟是一家贸易公司的新晋主管，因为在这家公司工作时间长，做得一直风生水起，每月业绩都是销售部最好的，给老板留下深刻的印象，于是管理者有心提拔，让他坐上销售主管的位置。

张伟是个做事细致、很有条理的人，每天要做的事情都列在小本子上，还列出完成的时间点和要注意的细节，时间长了，他的记事本上写得密密麻麻的，同事和领导都夸他做事有方法，是个有心人。

坐上主管的位置之后，张伟更是干劲十足，他不吝地把自己的工作经验分享给其他同事，经常指导大家工作，恨不得把自己的浑身解数都教给大家。

然而过了一段时间，张伟发现，自己的下属在日常工作中，有意无意地会表现出一些抵触情绪，经常有人趁他不在的时候，三三两两地聚在一起说什么，一看到他却又散开了，好像对他有些排斥。

到底是哪里出了问题？张伟很困惑。

这天老板把张伟喊到办公室，让他汇报一下这两个月的工作。张伟先是汇报了一下自己的工作，又提到自己看到和遇到的疑惑。

"你还是挺细心的嘛，"老板说，"但你确实遇到一些新问题，这是实情。其实，最大的问题就是你过于看重过程了。"老板没有客套，直接指出他的问题。

"给下属布置任务之后，如果对过程抓得太严，管得太细，就会在无形中给下属带来很大的压力。你看，前几天商务小王给客户回的询价邮件，虽然行文措辞不够合理，条理也不太通顺，你只要指出几点重要的地方，其他的让她自己思考、处理就好了，人的能力都是锻炼出来的。

"可是你不仅站在旁边，不停地看，不停地说，还亲自上手，差不多把邮件重新写了一遍，你说别人会怎么想？

"工作没有固定的方法和模式，每个人都有自己的想法和做法，只要最终结果达成了，就代表任务完成了。你如果非要让大家按照你的意图来做事，就变成了接受你指挥的机器，大家自然不开心了。

"你不妨回头想一想，当年带着你跑展会、整理客户资料之后，我只是分给了你一份联络名单，之后的联络和邮件往来，你一个人每天忙到深夜，我可是从来都没有管过你吧？而你的大部分经验，不都是这么来的吗？

"经验是宝贵的，但不是自己通过经历和工作积累得来的方法，运用时就会打个折扣，所以你应该多关注结果，而不是严抓过程。"

张伟若有所思地走出老板的办公室。随后，他好像换了一个人，再也看不到他每天盯在员工身旁的样子。几天后，办公室里又恢复了往日的热闹，大家觉得无形中的压力消散得无影无踪，又可以轻松愉快地工作了，效率立马高了许多。张伟也轻松不少，可以有更多的时间思考发展策略方面的事情了。

要知道，管理工作做到一定程度就可以了，过度的管理反而会弄巧成拙。管理者可以下达任务，提出研究课题，但不能画框子、定调子，束缚员工的手脚和思想。如果企业管理者在管理工作中掌握不好管理的分寸，导致过度管理，其带来的弊端是显而易见的。

首先，过多地干涉工作的细节和过程，会妨碍员工积极性的发挥。所有实际工作中的问题都没有标准答案，解决问题的途径可能有 10 种，管理者的方法也不见得是最好的，很多时候，员工可能有一套好主意、好办法，但管理者早安排好了一切，员工也只能照办。这样一来，员工失去参与和发挥潜能的机会，势必挫伤其积极性。时间一长，就会养成不动脑子、一切依赖领导者的"阿斗"作风。

有一位管理学家说过："对员工来说，唯一的刺激是自由——有权决定做什么和怎么做。"在企业中，只有没有进取心的员工，才欢迎那种事事安排周到的管理者。然而，这种越俎代庖的管理方法，无异于一把心锁，既锁住了员工的想象力、创造力，也锁住了员工的积极性。

管理学家斯蒂芬·罗斯在给大型公司 CEO 做管理培训时曾说："作为企业的首席执行官，面临的最大挑战是发展企业的领导组织能力，要培养下属不同的管理经验，来点燃员工的工作热情，让员工主动工作，愿意工作。"

罗斯认为："管理者要给员工空间，让员工自己根据公司的制度来自行制定规则，管理者只需要有策略地听，指点方向，而不能把住员工的手不放松。管理者要让员工自己去做想做的事情，切莫给员工制定框架，只要员工能保质保量地完成任务即可。"

这种管理经验被称为"流程自由"，也就是将规划任务流程的自由还给员工，员工才能放下压力，在依据企业大方向的前提下，由自己决定工作过程。这样员工才能养成独立思考问题和解决问题的能力，以主人翁的态度面对工作。

■ ■ ■

让员工成为主角

相信很多企业管理者在经营管理过程中，都有这样的遭遇：有时候一个管理理念明明很有建设性，但是却怎么也找不到实施和体现的渠道，最终无法落到实处。这个问题的原因其实并不复杂，那就是管理者视角与员工视角的本质差别。

很多时候，制度和政策在管理者眼中是一个模样，在员工眼中则是另外一个模样，甚至连出发点都会出现理解偏差。这个时候，不妨尝试让员工成为企业主角的管理思维。从本质上说，对于企业而言，管理思想在员工的头脑之中，管理行为在员工的双手之中，管理结果在员工的心中，可以说员工其实就是企业管理的主角。

位于新泽西州的福特汽车公司装备厂曾采取过一项大胆的管理措施：赋予该工厂大型车间里的每个人停止生产线生产的权利——在过去，只有车间主任才有这样的权利。因为是流水线模式的生产，工人们的每道工序都有固定的时间和流程，而这个流程的具体时间以及停顿节奏，都是由管理部门制定的。

实际执行过程中，会有一定比例的残次品和返工率，这直接影响到工人的薪水和奖金收入。管理层发现，无论怎样进行科学的流程修改，工人对于生产线的工序和流程总是不满意，抱怨生产线流程的不合理影响到了自己的收入，这让管理层头疼不已。

于是便有了后来的改革举措，管理层将生产线停止的权利下放给工人，这意味着，他们可以根据自己的工作情况调整生产线的流程时间以及节奏。这项举措受到工人的欢迎，他们立刻行使这项权利，让生产线每隔一段时间停顿片刻，以方便他们更好地完成工序。

后来，管理部门统计显示：工人控制的生产线每天会有200—300秒的停产时间，这几乎对整个生产线的效率没有什么影响，但有数据表明，该措施实施的第一个月，汽车的残次品率就从17.1%下降到0.8%，返工率下降了97%，工会受理的工人抱怨事件从平均每月200多件下降到了不到12件，工人的语言和态度也发生了变化。

一位老员工这样评价这一措施："这就像有人为我们打开了窗户，使我们可以自由地呼吸了。"其他的一线工人也说："管理者不再是管家，我们可以自己决定自己的工作，这是令人激动的。"

每个人都是独立的,员工也具有自主要求,他们不会盲目顺从,也不喜欢他人把一切都安排得妥妥当当,也喜欢自己寻求答案,在这个过程中实现自己的价值。因此,管理者应该给予员工充分的空间,而不是束缚,这能够最大程度激发员工投入工作的热情和力量。

在国内某知名企业,每到周六早晨,企业都会邀请一些对于改善公司经营状况有想法的员工和其他员工分享他们的工作心得。同时,企业也会邀请那些想出能够节省企业运营成本办法的员工来参加会议。

企业的领导者特别强调让员工主动参与决策,并且帮助他们解决很多实际问题。经常能看到有些员工从很远的地方开着小货车来到公司总部,坐在总部的办公室等着见董事长。虽说作为企业的领导者不太可能接待每位等待的员工,也未必能解决每个问题或赞同每条建议,但是通过这个过程和事实,它保持了公司内部的开放环境,能够让员工感到公司真心地关心他们,把他们视作企业的主角。

有一次,一个营销专业的实习生在公司的配送中心工作了一个夏天后,他提出一个能够使工作更有效的建议——如何更高效地填写订单,结果这个建议被公司采纳。公司以他的名义在他们大学设立了一个五年的销售专业奖学金,以此举表明企业对员工创造性的高度认可，也是把员工当作企业主角的一种做法。

古语云："坚车能载重，渡河不如舟，骏马能历险，犁田不如牛。"意思就是说，每个人闻道有先后，术业有专攻，企业领导者只有重视每个员工，才能收到"众人拾柴火焰高"的功效。它要求企业领导者增强"每个人都是主角"的意识，强化"每个人都是人才"的观念，确立"每个人都是要素"的思想，即便是一个不起眼的员工，也要给其足够的"用武之地"，激发其内心的主人翁精神，发挥其不可或缺的作用，努力构建企业的员工力量。

在企业核心价值观、战略目标的统领下，让员工各负其责，自行其是，有利于充分释放员工自我成长、自我激励的心理潜能，从而激发员工的工作积极性、主动性与创造性，自觉完成本职工作。

除此之外，自主对员工个人的积极影响还包括更高的工作满意度、自我创新的意识、长期的个人发展。自主可以让员工获得各种益处，有些员工甚至把工作自主提升到可以影响职业生涯规划的一个重要因素，这就更利于员工以主人翁的身份自居，最大限度地强化自己的责任心。

《西游记》中，孙悟空一旦遇到险情，就会拔出一把毫毛一吹，于是每个敌人面前便都有一个孙悟空与其对战。作为企业管理者，不妨也开拓一下自己的脑洞："我能不能学学孙悟空，也拔出一把毫毛一吹，然后企业的每个业务现场都立刻有一位管理者？"

其实，这并不难实现。如果管理者不是传统的指令人，而是成为公司政策的推广者，把与工作直接相关的决策和信息下放给员工，怎么做由员工自主安排，给予员工弹性的工作计划和自我管理，每位员工都能成为企业的主角，每个业务现场都会有一位管理者可以做出决策。

如果企业的每名员工都把自己当成领导者，当成企业的拥有者，他们一定会更加努力地替企业工作。一直以来，企业家也在研究如何提升员工的主人翁意识，因为他们知道，只有每个员工都能够做到全心全意为企业工作、为企业负责，这个企业才会有巨大的发展潜力。

管得太多未必是好事

被誉为"美国当代最成功最伟大的企业家"的杰克·韦

尔奇有一句经典名言："管得少就是管得好。"可能猛一听，觉得这话有些不可思议，但我们不妨用管理思维来想一想：管得少，并非说明管理的作用被弱化，而是说把管理的权限尽量下放给被管理者，在某种意义上，可能会得到更好的结果。

企业管理说白了，其实就是如何让别人干活的艺术。毕竟，企业管理者无论多么高明，都不可能管理到每个细节。一个高明的企业管理者，必然擅长让下属和员工分担更多的管理内容。正所谓"管得少就是管得好"，所要表达的就是企业管理者的放权艺术，让下属和员工更多地参与到管理工作中来。这不仅可以减轻企业管理者的压力，而且可以在许多方面对企业管理起到推动作用。

40岁的张凯被聘为一家公司的经理，他一向认为，领导者必须成为员工的楷模，才能建立一种理想的、不仅仅依靠制度的管理秩序。所以，在日常管理工作中，他希望每个人都能以他为榜样，兢兢业业地工作，将每件事都做好。而且，公司里的事情无论大小，他都会不厌其烦地给出自己的意见，力求让公司的业绩一年比一年出色。

然而，他预想中的热火朝天的办公局面迟迟没有出现，员工斗志不高，业绩没有下降，却也没有上升，这让张凯感到了巨大的压力。如果公司的经营没有大的改变，他的能力就会被董事会质疑，也许不出一年，就会被扫地出门。

他向自己的朋友王斌求教。王斌是和他同一学校毕业的师兄，现在已经自立门户，将自己的小公司经营得有声有色。听完张凯的陈述，王斌笑着说："其实，这并不是员工的问题，是你的问题，这件事很好解决。"

随后，张凯按照王斌的指点，把那些从前他认为必须由自己完成的工作，按照难易程度交给下属，只在他们遇到困难的时候给予建议。张凯明显地感觉到，自己的工作量大大减少，他布置给下属的任务越多，自己就越轻松，越能思考公司的发展方向，而下属的工作积极性也明显地提高了。

毕竟，一个人的时间、知识和精力都是有限的。作为管理者，即使你有再大的精力和才干，也不可能把公司所有的职权紧抓不放而事必躬亲，这样只会陷于个人负担过重，而职员无所事事、事事请示的苦恼境地，导致工作任务很难完成，这恰恰是一种失职。

也许事无巨细、统统过问的管理者确实是出于好意，但是员工可能不会领情，更有甚者会觉得这是对他们的不信任，至少他们会觉得你的管理方法存在很大问题。常常能看到一些管理者，整天忙得不可开交，"两眼一睁，忙到熄灯"，像是陷入忙碌的旋涡。仔细分析，有些事忙得合理得法，有些事忙得并不得法，工作不见得有什么大的成效。究其原因，管得太多，不懂"授权"，首当其冲。

三国时期的诸葛亮，在辅佐刘备的 20 多年里，鞠躬尽瘁，事必躬亲，将行政与军事大权集于一身，特别是在刘备去世后更是如此。结果，虽有面面俱到之心，却无分身有术之术，累垮自己不说，部属的潜能也没有发挥出来，最终"出师未捷身先死，长使英雄泪满襟"，带着遗憾离开人间。诸葛亮死后不久，蜀国便被魏国所灭。

战场上的士兵有了开枪的权利，才能奋勇杀敌；商场里的推销员有了选择客户的权利，才能卖出货物；管理者手中有权，才有工作的能力，这是一条颠扑不破的真理。所以，管理者要学会适当地授权，让员工拥有一点儿权利，这比加薪让员工觉得更舒服，更能激发他们工作的主动性和积极性。

其实，最明智的管理人员就是既要自己全力做事，也要把工作托付给员工去做。这并不是把令人不快的工作指派给员工，而是下放一些权利，让员工自己做决定，或是让员工拥有机会可以试着像管理者一样做事。如果你真正做到这一点，那么恭喜你，你会发现：员工的积极性更高了，管理工作变得更加高效！

中国台湾奇美公司规模虽然不大，但是它的生产力却是同行业的 4 倍，以生产石化产品 ABS 而位居全球行业第一。很多企业家纷纷向其董事长许文龙请教管理方案，许文龙给出的答案是——不必事事过问。

虽然董事长是公司的一级头衔，但许文龙却是一个地地道道的"闲人"，令人大跌眼镜的是，他连一间专门的办公室也没有。据许文龙的下属说，"对于企业内大大小小的事情，许老板从不做任何书面指令，即使偶尔和我们开会，也只是聊聊天、谈谈家常而已"。同时，许文龙承认说，"因为没有办公室，我只好经常开车到处去钓鱼。很多时候，我根本不知道自己的签章放在哪里"。

有一次突然下起大雨，许文龙想去公司看一看。当员工们看到他时，很惊讶地问："董事长，公司没有事情，你来干什么？"许文龙想了想说："对呀，没有事，我来干什么？"于是，他又开车出去了。

许文龙的"不过问管理法"，让每个员工感觉到一种宽松的工作氛围。正是由于这样的宽松，每个员工都愿意为公司竭忠尽智。后来，奇美的发展实力，让美国和日本在内的同行都畏之如虎，无不退避三舍。

可见，"不必事事过问"的管理方式，不仅是对员工的信赖，还可以训练员工处理问题的应变能力，同时为员工提供充分发挥自己能力的平台，将他们的潜能无限地激发出来，不断地给企业输入新鲜血液。

管理者不必事无巨细地过问，该放手时就要放手。你拥有权力，但不必掌握一切；你负起责任，但不以盯人的方式管理员工。这不但是管理者的自我松绑，更是一种赢得人心的需要，是一种激励员工的措施。

我们一定要明白：管得太多未必是好事，管得少未必是坏事。管理者要学会用"放权"来激励员工和下属，不妨试着让自己闲一点儿，只要你能够分工明确，权责一致，与下属保持沟通与协调的顺畅，强化信息流通的效率与效果，提前对可能出现的错误采取应对措施，就一定能将管理工作开展得更好。

用人不疑，疑人不用

话说战国时期，中山国国君昏庸无道，魏文侯打算发兵征讨中山国。在征求大臣的意见之后，他决定起用平民乐羊为大将。这个人文武全能，是个人才，唯一的问题就是他有一个儿子在中山国当官。

魏文侯并没有顾虑这件事,而是直接调遣 5 万人马给乐羊,向中山国进军。战事进行得并不算特别顺利,但也很快打到中山国国都。中山国国君以考虑投降为借口,要求暂缓攻城,乐羊考虑到强行攻城必然伤亡惨重,就答应了。

魏国的大臣开始议论纷纷,可是魏文侯不听他们的,并不断地派人去慰劳乐羊。一个月后,乐羊发动攻势,终于攻下中山国的都城。魏文侯亲自为乐羊接风洗尘,宴会完了之后,魏文侯送给乐羊一只箱子,让他拿回家再打开。

乐羊回家后打开箱子一看,里面全是攻打中山国的时候大臣弹劾他的奏章,各种危言耸听的中伤、恶毒的诽谤,应有尽有。乐羊读的是汗流浃背,心想若不是明君信任自己,自己恐怕早成了阶下囚,从此对魏文侯更加忠心耿耿。

对于魏文侯来说,如果他先前听信别人的话,沉不住气了,中途对乐羊采取行动,那么不但自己托付给乐羊的事无法完成,双方的关系也再无法维持下去。信人之术,精要就在于此。

一个好的管理者,必须善于用人,而要用好一个人,必须做到信任一个人,否则有再好再多的人才也等于零。起用乐羊之前,魏文侯必定已经做了大量细致的考察,知道他是可以信任的，所以才会在收到大量弹劾奏章时仍然坚定地选择信任乐羊，这正是一个优秀管理者所必需的。

如今智能手机上普及率最高的软件，想必除了微信没有第二个了。微信的开发者张小龙，当初以成功研发foxmail邮箱而出名，那时智能手机还没有普及，但这个网络邮箱却获得非常好的市场推广效果。当时腾讯总裁马化腾认定他是一个难得人才，于是收购了foxmail，张小龙就顺理成章加入了腾讯团队。

然而，在加入腾讯团队之后，张小龙的项目在盈利上遭遇了重重困难，一直没有起色。这时候公司内部的质疑声四起，甚至有员工提出是不是该砍掉收购的邮箱项目。在听到这些质疑的声音之后，原本性格有些内向的张小龙选择消极应对，甚至以早上起不来和路上怕堵车为由，不参加公司的早会。

这样公司内部质疑的声音就更多了。但是马化腾并没有因此而改变态度，他甚至安排秘书每天给张小龙打起床电话，之后派专车接送张小龙上下班，在得知张小龙不愿意离开广州的家之后，干脆把微信总部设在张小龙的"家门口"广州。

张小龙被马化腾毫无保留的信任所打动，随后积极地投入新项目的开发运作，果然不负众望，研发出的微信一炮而火。如今的微信日活跃量数亿，拥有近十亿用户，堪称业内霸主，甚至支撑起腾讯的半壁江山。

"管理的绝招在于信任和授权"，是管理者要学习和掌握的一门艺术。遗憾的是，很多管理者明明知道应该信任自己的下属，也授予了下属一部分权利，但是却不能完全放下心中的疑虑和担忧。

于是，一个怪圈出现了：管理者把权利交给下属，下属也摩拳擦掌，准备大干一场之时，始料未及的是这个权利之上还拴了一根绳子，远远地握在管理者的手中。

要知道，放权是正确的用人之道，其归根结底要集中在一个地方，那就是信任。"用人不疑，疑人不用"，管理者必须信任自己的下属，尤其是将要放权的下属。只有这样，下属才可以放心地大展拳脚。

有些管理者总担心下属能力不够，怕给他们太大的权利，他们会把事情办砸；还有些管理者不愿意分散自己手中的权力，大权握在手中才放心，才能高枕无忧。殊不知，如此一来，下属们的办事信心就会大打折扣，甚至影响到对企业的忠诚度，到头来反而会在很大程度上影响企业利益。这样的管理者不是聪明，而是糊涂。

所以，管理者事先要和具体负责人做好意见沟通，在确定可以信任的情况下，才能说出"都交给你"这句话。一旦说出这句话，就要有绝不干涉的肚量和勇气，否则可能会让下属失去工作热情。同时，也不能说了"都交给你"之后，又在很多细节上拒绝给下属彻底地授权，处处干涉，让下属觉得处处掣肘，无法彻底发挥自己的能力。

权责一致，激发下属潜能

我们都听过这样一句话：能力越大，责任越大，即一个人的能力与他的责任要成正比。从企业管理者的角度来理解这句话，就是要做到权责一致。在企业管理过程中，管理者对下属的授权要讲究策略，既不能过分放任，让下属得到足够的授权却无法承担足够的责任，也不能过分强调责任，让下属压力过大，无法真正发挥自己的主观能动性。这其中如何权衡，是每位企业管理者都要认真思考的。

很多时候，企业管理者对下属适当地放权，可以增强员工对企业管理的参与感，这也是一种激励方式。适当地放权,可以让员工认识到每个员工都是团队中的一员,如果他们都能像董事长、总经理那样为企业发展尽心尽力,时刻关心公司的成长,心往一处想,劲往一处使,这样的企业肯定会成为无坚不摧的团队。

20 世纪 90 年代初,美国摩托罗拉公司在天津经济开发区建立了综合性电子生产基地,这成为当时天津市投资最大、投产最快、效益最好的外商独资企业。当时的外资企业对于国人来说是相当稀有的,大家对于它的管理模式等产生了浓厚的兴趣。

在当时,国外的企业管理理念已经大大领先于国内。从摩托罗拉公司的管理来看,企业发展得如此迅速,关键是公司采用了有效的员工激励制度。摩托罗拉公司的所有管理者掌握了放权和划分责任的管理手段,通过下放管理权,让员工直接或间接地参与管理,使员工拥有更多的自主权,从而提升其积极性。

与此相反的例子是,当时国内的管理水平普遍停留在相对较低的层次,特别是在一些排斥员工参与管理的企业,大部分员工的工作都很被动,心里充满不安全感。管理者不肯把一些决策的权利下放给员工,员工就意识不到自己在日常工作中所应该承担的责任,这样的企业是缺乏团队战斗力的。

一个无能的企业管理者，一个不懂得利用"放权"激发下属责任感的企业管理者，不仅不能对下属的工作起到推动作用，而且会妨碍下属的工作。不用说，在一个组织里，这样的管理者越多，整个团队的效率肯定就越低。

"我没听说过这件事情，这个不归我管。"

"这件事现在没法给你解决，因为董事长出差去了，先放一放吧。"

"这件事如果我突然地报告给公司总部，他们肯定会责怪我胡乱请示，所以我不能接受你的建议。"

"这笔预算不能批，因为我说服不了他们。"

想必许多企业管理者看到这些语句，多少都会觉得有点儿眼熟。是的，这正是那些不懂得放权艺术的管理者常用的措辞。表面上看，这样的措辞一下子把管理工作中遇到的问题给压了下去，貌似是解决了，但实际上，这样不负责任又不肯放手让下属大胆解决的态度，伤害的是每位下属的工作积极性。

作为管理者，越是不肯下放权力给下属，下属就越是不能体会到权利和责任之间的正比关系，长此以往，下属越来越没有责任心，遇到问题只会等待管理者的指示再行动，企业发展必然会在不知不觉中陷入停滞。

相反，如果企业让员工参与管理，他们就会感到自己承担着一份责任，即使公司面临困境，也会群策群力，共渡难关。普通员工在企业运转过程中如果缺乏参与意识，也就不能和企业同心同德；有了足够的参与意识乃至主人翁意识的激励之后，才会更大限度地提升工作的积极性。

杨超是整合产品部的一位经理，在她22岁的时候，就已经在公司里独当一面了，有了可以左右公司发展的影响力。她说过，在她刚刚进入公司的前半年，自己所处的环境就像是"一团乱麻"，但是当时的领导对她非常信任，公司里所有的事情都交给她全权负责。没有上级领导的指挥，出了问题需要自己来承担，那段时间她虽然忙得焦头烂额，但却异常充实，积累了许多经验。

后来，等到适应了公司的混乱局面之后，她发现自己已经有能力把控局面，于是很快就进入了管理层。在那之后，她需要做出更多各种各样的决策，比如发展客户、进行产品发布、建立起和自己有关的工作流程。

年纪轻轻就取得如此成就，很显然，这家公司给予的充分信任是杨超成长的重要推动力。正是因为公司授权制度的完善，让她体会到了权利和责任间的相互关系，并且深入贯彻到自己的管理工作中。

作为企业管理者，每个人都想看到自己企业中的每位成员都有足够的责任心，能够把企业发展当成自己的责任，这就需要管理者掌握放权的技巧，在日常管理工作中做到权责分明，权责对应。

高明的管理者，对于下属会做到有策略地授权，把它当作一种激励手段和管理艺术。在日常管理工作中，我们也要有意识地反省，看看自己是否经常妨碍下属工作，是否应该多给他们一些权利和支持。如果答案是肯定的，就应立即改变立场，把该放的权放开，只有如此，才能赢得下属的好评和信赖，最大限度地激发下属的潜能。

企业做得越大，手底下的员工组织也就越庞大，企业的管理者就是有再大的本事，也不可能凭靠一己之力管理好企业。这个时候，管理者对下属授权的积极作用就会体现出来。

对下属授权，让每个员工都有自己的工作职权，并让他们知道自己的工作责任，对自己负责。让下属有一定的职权，在一定的范围内可以自主处理各种问题，能让下属知道承担的责任，进而时刻保持强烈的进取心，这样才能最大限度地激发员工身上的工作潜能。

第 7 章

——— ——— ——— ———

竞争激励：
培养危机感，消除疲沓和懈怠

███ ██ █

　　一个企业的最大危机，就是没有危机感。在瞬息万变的信息化社会，各个领域的发展节奏越来越快，竞争越来越激烈。很多时候，一个小小的懈怠，就会导致企业发展陷入被动。

　　如何在日常管理工作中保持员工的警惕性和危机感，并且使其常态化、制度化？如何避免老员工的疲沓和新员工的迷茫？这需要管理者学会施压。在管理工作中，主动制造危机感，给员工施加压力，本质上也是一种管理艺术。如果运用得当，它会起到事半功倍的效果。

■ ■ ■

用“鲇鱼效应”保持团队活力

很多企业中，都存在团队成员工作怠慢、缺乏积极性和
活力的现象，导致整个团队丧失活力。在激烈的竞争中，这
无疑会成为团队的死穴。因此，必须采取相应的措施消除固
化思维，激发团队活力，塑造一个充满活力和战斗力的优秀
团队。

针对团队缺乏活力这样一个普遍性问题，企业管理者应
该如何分析具体原因并做出适当的应对呢？我们不妨先看一
个小故事。

沙丁鱼是一种非常美味的食材，它的特殊之处在于一定
要趁新鲜进行加工。如果是死去的或者经过冷藏的沙丁鱼，
烹饪之后的风味会大打折扣。因此，那些饭店餐厅都要求收
购活的沙丁鱼，以满足食客的要求。

然而事实是：沙丁鱼的活动范围往往在距离海岸很远的
海域，对于渔民而言，捕捉沙丁鱼不是问题，如何把沙丁鱼
活着运回去才是难题。沙丁鱼对水中氧气含量的要求很高，

捕捞上来之后，渔船上的储藏水箱含氧量比较低，大量的沙丁鱼拥挤不堪，很快就会缺氧而死。死的沙丁鱼虽然也能卖出去，但是价格要大打折扣。

因此，渔民们都想方设法地让鱼活着返港，但种种努力都失败了。只有一艘渔船总能带着活鱼回到港内，船老板收入丰厚，但别人都不知道是为什么。直到这艘船的船长死后，人们才揭开这个谜。

原来这艘船捕了沙丁鱼在返港之前，每次都要在鱼槽里放一条鲇鱼。放鲇鱼有什么作用呢？原来鲇鱼进入鱼槽后，由于环境陌生，自然向四处游动，到处挑起摩擦，而大量的沙丁鱼发现多了一个"异己分子"，自然也会紧张起来，加速游动。这样一来，一条条沙丁鱼就活蹦乱跳地回到渔港。

企业团队的发展其实跟沙丁鱼有很多相似之处。比如，团队在顺境中的时间久了，内部往往会产生懒于动弹的"沙丁鱼"，往往这时就是危机来临的时刻。如果管理者学习聪明的渔夫，就会将一条不断追逐并威胁沙丁鱼的鲇鱼放入平静的水面……

日本的本田公司曾一度陷入发展困境，当时的总裁本田宗一郎经过调查研究，发现如果将一个公司的员工进行分类，大致可以分为三种：有才能的骨干人员；才能有限的勤劳人员；才能有限又懒惰的低效员工。显然，本田公司最缺乏的是前两种员工。

但在当时的情况下，如果大举改革，淘汰那些才能有限又懒惰的低效员工，一方面会受到工会方面的压力；另一方面，企业也将蒙受损失。这些人其实也能完成工作，只是与公司的要求与发展相距远一些，如果全部淘汰，显然是行不通的。

经过再三考虑，本田找来自己的得力助手、副总裁宫泽，并谈了谈自己的想法，请宫泽帮助出些主意。宫泽认为，企业的活力根本上取决于全体员工的进取心和敬业精神，取决于全体员工的活力，特别是各级管理人员的活力。公司必须想办法使各级管理人员充满活力，即让他们有敬业精神和进取心。

随后，宫泽就给本田讲了沙丁鱼的故事，本田听完顿时豁然开朗，他意识到这是改善企业状况的好办法。宫泽最后补充说："其实人也是一样，一个公司如果人员长期固定不变，就会缺乏新鲜感和活力，容易养成惰性，缺乏竞争力。只要外面有压力，存在竞争气氛，员工才会有紧迫感，激发出进取心，企业才有活力。"

经过一番运作，本田把一家竞争对手公司的销售部副经理，年仅 35 岁的武太郎挖了过来。武太郎接任本田公司的销售部经理后，就重新制定了本田公司的营销法则。他对原有市场进行分类研究，制订了开拓新市场的详细计划和明确的奖惩办法，打破原有销售部的组织结构，重新调整，使其符合现代市场要求。

很快，武太郎凭着自己丰富的市场营销经验和过人的学识，以及惊人的毅力和工作热情，得到销售部全体员工的好评。员工的工作热情被极大地调动起来，团队活力大为增强，公司的销售业绩出现转机，月销售额直线上升，公司在欧美及亚洲市场的知名度不断得到提高。

除此之外，销售部作为企业的龙头部门，带动了其他部门经理人员的工作热情和活力，本田对此非常满意，同时也深深为自己有效地利用了"鲇鱼效应"而得意。

从那之后，本田公司每年在招聘时都会有意识地从其他公司"挖"一些精干利索、思维敏捷的 30 岁左右的骨干人员，有时甚至聘请常务董事一级的"大鲇鱼"，为自己的公司注入新鲜血液，提升团队活力。这样一来，公司上下的"沙丁鱼"们都有了触电似的感觉，懈怠消极的情况极少出现。

可见，给自己的团队增加"鲇鱼式"的人物，会使团队内部形成竞争向上的气氛，打破原来平静、沉闷的气氛，使所有成员都充满生机和活力。

当然，应用"鲇鱼效应"并不是无条件、盲目的，引进的"鲇鱼"也不是越多越好，而是要针对团队的具体情况，制定相应的措施和引进计划。很多管理者在用人时都懂得"鲇鱼效应"，但一些管理者却误认为只要引进这类人才，就能实现"引进一个，带动一片"的人才效益。殊不知，"鲇鱼效应"要经过科学的评估与运作。如果不能将"鲇鱼效应"放在整个团队运转的角度中全盘考虑，就会适得其反，甚至酿成"鲇鱼负效应"。

企业管理者一定要准确判断你的团队成员是否存在懈怠和不思进取的情况，是否符合"沙丁鱼"危机的实际情况，如果恰恰相反，你的团队里原本就有一个或几个生龙活虎、锐意进取的员工，本身就有一个良好的"鲇鱼效应"，这时你仍然我行我素地坚持引进"鲇鱼"，就有可能发生恶性竞争，导致团队效率低下，甚至内部分裂。

除此之外，在挑选"鲇鱼"时，也并非一定就是"外来的和尚会念经"，企业完全可以优先考虑公司内部的"鲇鱼式"员工。同时，针对每位员工的具体情况，为他们制订一个发展计划，在适当的时候给优秀员工提供发展空间和机会；也可以利用"鲇鱼效应"培养优秀员工，让他们知道公司关心他们个人的成长和发展。这既有利于营造良好的企业文化，又可以节省公司的人力资源成本，可谓一举两得。

给员工一个"假想敌"

我们知道，军事演习中通常会有"蓝军"来扮演假想敌部队，以此来检验军队的作战效果。强大的"蓝军部队"使"红军部队"在演习中不断进步，只有经常与他们"打交道"，才不会打败仗。

企业管理同样也是如此。通常来说，来自外部的威胁会增加团队的凝聚力，促使团队建立强大的情感纽带，这种情感纽带有非凡的鼓舞力，可以使团队释放最大的创造力和潜力。许多优秀的企业领袖和管理者擅长用树立"假想敌"的手段来激励员工，往往会起到非常好的效果。

琼斯先生是温哥华一家航运公司的总经理，他提拔了一位非常有能力、有潜质的人到一个生产落后的船厂担任厂长。可是半年过后，这个船厂的生产状况依然不能达到生产指标。

琼斯为此非常苦恼，为了激励工人完成规定的生产指标，他曾用加大奖金力度、优胜劣汰等多种激励方法，但怎么也不见效果。后来，他亲自到生产车间督促生产。在这个过程中，他发现了一些有意思的事情。

这一天，恰逢换班时间，白班工人已经陆陆续续地走出车间，晚班工人则准备交班。

琼斯先生站在办公室门前，若有所思，这时一位白班工人从身边走过，他开口问道："你们今天完成了几个生产单位？"

"6个。"工人回答道。

随后，琼斯先生走到车间门前，在大门上写了一个大大的、醒目的"6"字，然后一言未发就走开了。

当夜班工人进到车间看到这个"6"字时，就问白班工人是什么意思。白班工人回答："琼斯先生今天来这里视察，他问我们完成了几个单位的工作量，我们告诉他6个，他就在墙壁上写了这个6字。"

次日早晨，琼斯先生又走进这个车间，夜班工人已经将"6"字擦掉，换上了一个大大的"7"字。

下一班白班工人看到墙壁上的"7"字，顿时有些不服气："哼，夜班工人比白班工人好，是不是？好，给他们点儿颜色瞧瞧！"他们全力以赴地工作，下班前留下一个神气活现的"8"字……

就这样，该船厂的生产状况逐渐好了起来。

琼斯先生利用工人"好斗"的本性，不仅巧妙地解决了该厂完不成定额的难题，还使工人处于自动自发的工作状态，最终的受益者不言自明。

由此可见，当企业发展不尽如人意、员工士气不振时，假如管理者能够给员工设立一个"假想敌"，一个可以竞争的对象，那么就可以有效激发员工的竞争意识，使他们的能力得到充分发挥，进而帮助企业扭转困境。

每个人都有被尊敬的需要和成长发展的期望，其内心都希望自己"比别人站得更高"，或"比别人更重要"。从心理学上说，这种心理就是自我优越的欲望。即使一个人的竞争心很弱，也会有这种欲望。当这种自我优越的欲望出现特定的竞争对象时，其超越意识就会更加鲜明。

一个有上进心的员工最怕的是没有对手，如果没有对手，他就容易看不清自己能力上的缺陷，失去进取的动力，无法激发出自身的最大潜能。很多员工能力出众，工作表现优秀，却常常抱怨工作没劲，缺乏竞争对手是主要原因之一。

所以，管理者要善于利用员工的这种心理，给团队设立一个竞争对象，让员工知道竞争对象的存在和超越对方的重要性，从而激发起他们争强好胜的竞争意识，体会到竞争带来的快乐。当员工你争我抢、全力以赴地为公司做贡献时，管理者的工作也就做到了极致。

值得一提的是，这种方法不仅适合单一个体，同样也适合团队。那些聪明的管理者深知这一点，所以他们会时常利用员工的这种自我优越的欲望，为其设立一个竞争对象，让对方知道竞争对象的存在，进而轻易地激发起员工的工作热情，从而让他们主动展开竞争，工作效率自然就会提高。

不过，培养"假想敌"是一柄双刃剑。员工在竞争中打败对手取得胜利，固然会促使他们产生更强的工作积极性，但是如果怎么追赶都不及"假想敌"，屡遭失败，反而会使员工的自信心受挫，工作积极性不增反降。

因此，管理者在给某些员工选择"假想敌"时，最好选择比他们成就或能力强一点点的人，双方实力不要相差太大，努力一点儿就能赶上，让员工能看到进步的希望，体验成功的喜悦，自然就会在工作中全力以赴了。

让能者居之，庸者下野

常言道："不怕神一般的对手，就怕猪一般的队友。"对于企业这样一个大团队来说，如何选人，如何组队，可以说是重中之重。企业的发展，归根到底是以人为本，优秀的人才是企业的最大财富。

因此，虽然很多企业领导信奉"铁打的营盘流水的兵"这句话，但是作为企业管理者，一定要意识到人才的重要性，明确自己的工作宗旨：淘汰庸者，能者居之，让有才能的员工在最适合自己的岗位上发挥长处，为企业发展添砖加瓦。

张军经营着一家大型互联网公司，最近他遇到一件非常头疼的事情。在元旦发完工资后，8 名员工同时选择离职，其中包括 5 名年轻职员。对此，张军感慨道："IT 行业人员流动性非常大。一般都是刚毕业的'80 后''90 后'，他们对换工作也不在乎。有的人来了两三个月就走了，离职的原因也五化八门，考研、考公务员甚至是回家过年！"

如何熬过年底这段时间，年后如何安排招聘工作，以及如何留住员工，一系列的问题摆在张军的面前。他甚至有些怀疑和动摇："明年我是不是不该再招聘年轻员工了？不过，年轻员工的升值潜力和培养价值更高，到底该怎么办呢？"

苦闷中，张军私底下找到一位关系不错的辞职员工刘晓，探讨起了这个问题。

"其实，不是我想辞职，谁不希望有一份长久的工作。"刘晓曾是张军公司的一名职员，说起自己的辞职，他给出这样的解释，"在公司，我的工作一直很努力，能力也得到经理的赞赏，但是一有晋升的机会，经理总是先考虑那些老员工，这让我觉得在这里干下去没有意思，还不如赶快走人呢。"

刘晓的这番话对张军来说，可以说是"扎了心"。他之前并没有意识到问题是出在这里，在他看来，一是老员工经验丰富，二是老员工对自己忠诚。与此同时，他认为年轻职员经验欠缺，心浮气躁，还需要在基层有更多的磨炼。因此，一有晋升的机会，张军首先会考虑那些老员工。相信这也是大多数管理者的共同想法。

殊不知，这样的想法未必正确。从心理学角度来看，年轻人富于朝气，喜欢新鲜事物，年轻的员工当然也是。他们喜欢面对挑战，希望自己的工作充满乐趣并富于变化，不愿意整天工作在单调乏味的工作环境中。迟迟得不到晋升的机会，无疑会打消他们的工作积极性，忍无可忍之时，就会选择跳槽。

一个大型招聘单位曾对中国 30 个省级行政区的 9986 名年轻职场人士进行过调查，报告显示，在很多年轻人的眼里，如果工作了几年还没有得到晋升，就是"混得不好"；92% 的员工希望晋升至高管职位，72% 的职场员工因为得不到晋升机会想在 5 年内转换职业发展方向。

可见，张军所面临的问题，也是大多数企业所面临的，在"资历"和"能力"之间如何权衡选择，对于企业人才的去与留，有着至关重要的影响。

在这个问题上，年轻的刘晓给张军举了拿破仑带兵的例子：拿破仑手下的名将马尔蒙，26 岁任意大利法军炮兵司令，27 岁任军长和炮兵总监，32 岁任达尔马齐亚总督；达乌，28 岁，任远征埃及的骑兵指挥官；苏尔特，25 岁任准将，30 岁晋升少将；奥什，25 岁任准将，29 岁任集团军司令……

可以说，拿破仑手下的将领，绝大多数是年轻人。拿破仑之所以能在短时间内创造所向披靡的神话，无不得力于他手下一大批优秀的青年将领。在任用将领时，拿破仑坚持的原则是"勇气过人""机智天才""遵循兵法规律与自然法则"，当然最好的一点是"年轻有为"。在拿破仑看来，将领是一个军队的象征，任用年轻的将军，就等于拥有一支年轻的军队，拥有一支如狮子般的军队。

刘晓希望用这个例子表明自己的观点：才能与资历并非有直接的关联，如果企业管理者能够大胆任用年轻有才能的员工，做到能者居之，而不是有资历者居之，就能够解决年轻人才流失的问题，而且还能给企业带来更加蓬勃的活力。

事实上，不少优秀的企业正是这么做的。

在麦当劳得到晋升的机会是从做最琐碎的小事开始的。每位刚进入麦当劳的年轻人，不论他有什么文凭，一律都要从头做起，从事最基本的琐碎工作：炸薯条、做汉堡、烤牛排、每天两次擦洗门窗等，这个过程一般持续4—6个月，也是每个走向成功的麦当劳人的必由之路。

通过这些最基本的琐碎工作，有才能的年轻人被晋升为一级助理。他们除了抽出一定的时间负责餐馆工作外，还要承担起如进货、排班、计划、统计等的管理工作。已被提升为餐馆经理的年轻人，同样有充分的发展空间，只要业绩优秀就可以晋升为监督管理员，也就是说，同时负责三四家餐馆的监管工作。

三年后，优秀的监督管理员将晋升为地区顾问。那个时候，他将担任总公司的"外交官"派驻到下属企业，作为公司这一地区的全权代表，担任起重大的企业责任。当然，成绩优秀的地区代表仍然可以晋升，成为更大区域的地区代表，地位可高达麦当劳某一国家或行政区的副总经理、总经理和董事长。

就年龄而言，麦当劳的经理群与员工群是非常年轻的。每个经理要管 100 多人的中型餐厅，他们的平均年龄仅为 25 岁左右。这种情况在其他公司简直是难以想象，不过正是这一措施，使得麦当劳的年轻职员奋发向上，努力工作，保证了公司的管理者不会出现断层，公司业绩稳步上升。

为新来的年轻员工提供成长和持续晋升的机会，是麦当劳的重要特点和成功之道。难怪一位经理这样说："无论管理人员多么有才华，工作多么出色，如果他没有预先培养年轻有为的员工，没有培养自己的接棒者，他的管理就是不成功的，公司将有权不考虑其升迁。"

对于有较高才能的年轻下属，应该提拔到更重要的岗位，让他们得以尽早地、充分地发挥才干，这样才能早出人才，快出人才，为企业服务更长的时间，带来更大的效益。有了优秀人才而迟迟不重用，不仅对企业发展无益，而且在目前的人才流动机制下，也不易留住真正有才能的人。

一个更严峻的现实是,企业发展到一定规模后,老员工的能力和精力已经跟不上企业发展的需要了,但还是倚老卖老,压制年轻人或刚来不久的新人,甚至阻碍企业制度的执行,破坏企业规则,在某种程度上制约并影响了公司发展,成为企业发展的障碍。

换一个角度说,既然年轻员工希望工作能满足其成就感和好奇心,并渴望获得及时的肯定和承认,管理者不妨大胆地使用能力突出的年轻人,并以持续晋升的途径激励他们。这样不仅能使他们与企业产生有益的互补共振效应,还可以增强与提高企业实力。

因此,真正的管理者要能站在企业发展的全局晋升为企业创造价值的人。年轻人学习能力强,精力充沛,适应现代竞争环境,选择是让新员工晋升还是老员工出局,答案不言而喻。

施压,逼出员工的潜力

生活中,要全面了解一个人,不是短时间内可以做到的，职场中同样也是如此。因此，不少企业管理者为了更快更深入地了解员工，会选择主动施压的考察方式了解团队成员，通过考察员工在压力环境下的反应，更加全面地把握对方。

相信不止一位公司职员曾在工作的时候遇到过一些很难解决的问题，或是出乎自己意料的任务，或是精心布置的考验，也有可能是故意刁难的安排……这些考察内容复杂多变，却是每位企业管理者必须掌握的技巧之一。

美国前国务卿基辛格博士，他以能在非常繁忙的情况下仍然坚持把计划书做到最好而闻名。当一位助理呈递一份计划书给他数天之后，该助理问他对其计划书的意见时，基辛格和善地问道："这是不是你能做得最好的计划书？"

"嗯……我在这份计划书上确实花费了相当大的功夫。"助理的表情有些不快。

"我相信你再做些改变的话，一定会更好。难道你不希望将这份计划书做得完美无缺吗？"基辛格充满期待地对助理说。

助理回答："也许有一两点可以再改进一下……也许需要再多说明一下……"

随后，助理走出办公室，腋下挟着那份计划书，下定决心要研拟出一份任何人——包括亨利·基辛格都必须承认是"完美的"计划书。

随后的三周时间，这位助理全身心投入这项工作，甚至有时候就睡在办公室里，终于写出自己认为完美的计划书。随后，助理很得意地迈着大步走入基辛格的办公室，将计划书呈交给基辛格。

当他再次听到那熟悉的问题——"这的确是你能做到的最完美的计划书了吗"时，他激奋地说："是的，国务卿先生。"

"很好，"基辛格说，"感谢你的辛勤劳动。"

看完这个故事，相信我们不难得出这样一个结论：每个士兵都有成为元帅的可能，关键看有没有一个逼他成才的上级。管理者要及时给员工施加一定的压力，逼出他们的竞争意识，逼出他们的进取意识。

"知足常乐，能忍则安"，这是耳熟能详的经典名句。知足常乐，不是意志消沉、不求上进的代名词，但是有些员工却以"知足"自诩，讲究"无欲"和"不贪"，不主动给自己压力，在工作中得过且过，不思进取。针对这一现象，管理者要善于给员工施加一定的压力，进而激发员工积极进取的上进心。

那么，管理者如何给员工施加压力呢？据一项权威研究显示，工作越忙碌，时间越紧张，人的精力越集中，能力提升越快；工作多而人员少，员工就不得不寻找最有效率的工作方法。如果任务紧迫，员工就不能再懒懒散散、得过且过，必须设法加快自己的速度，与其他人配合。

日本丰田汽车在这一点上有着自己独特的见解。它制定了流水线工序的工作方法，以保证员工时刻集中精神，从而提升工作效率。以轿车前座椅的安装为例，丰田企业将它分解为 7 道工序，进行安装的汽车在生产线上按照一定的速度依序通过各个环节，整个工序时间为 55 秒。在安装的整个过程中，为了避免出现误差，工人们必须高度集中精神，不能有丝毫的懈怠。

比如在这个流程中，第四道工序是安装前座椅螺丝，第六道工序是安装后座椅螺丝，如果一个工人没有在规定的时间内完成相应的工序，或者工序的先后出现差错，这个工人就会因为不符合工作要求而被淘汰。

为了避免在实际操作中产生误差，丰田企业除了对每位工人进行细致的培训外，还精确统计了流水线通过每道工序的时间和长度，并按通过的时间和长度，在作业现场标上不同颜色的作业区。如果工人在超过的作业区进行上一道工序，检测人员就能很容易发现，并及时纠正。

丰田在企业管理过程中的这种"高压政策"，其实也贯穿在其他部门。比如在人员培训、产品研发、转产管理等方面，也是按照精细化要求进行的。即便是简单地把设备从一个地方转移到另一个地方，管理者也会将其分解成 10 多个工序，每个工序的内容、时间、顺序也都有精确的规定，并对工作标准进行详细的限定和描述。然后，他们将这种模式固定下来，任何时候进行设备转移时都要按照这些程序进行，大大提高设备转移过程中的效率，降低出错率。

"竞争是培养人才的动力，压力则是培养人才之母。"这是值得每个管理者铭记的一句话。的确，当每个人都有事要做时，整个团队就会呈现出一片繁忙且生机勃勃的景象。每个人的精神面貌会得到改善，个人的业务能力也会有所提高，团队的风气也会不断改善，效率自会不断提高。

中国古代有"破釜沉舟，背水一战"的典故，其实也是这个道理，给团队施加一定的压力，必然会激发更高的斗志和潜力。实际工作中，管理者要学会给员工施加一定的压力，这样能更好地激发员工潜能，促进员工间的良性竞争，使员工犹如勇士一样气势磅礴。

当然，凡事要有限度。虽然给员工施压是一种促进良性竞争、提高工作效率的好方法，但如果施压过头，就会让员工陷入"超负荷工作"的不良状态，如此不仅会损害员工的身体健康和心理健康，而且会直接威胁其家庭关系，更有甚者精神过度紧张，即使有再多的潜能也无法得到开发，企业哪来什么活力？

制造危机感，谁懈怠，谁淘汰

清晨的非洲大平原上，狮子和羚羊同时醒来。

狮子想：今天我要飞快地奔跑，一定要追上羚羊。

羚羊想：今天我要飞快地奔跑，一定要快过最快的狮子。

最后，狮子吃掉了跑得最慢的羚羊，自己变得更健壮，养育了自己的下一代。羚羊中的老弱病残被淘汰，整个群体变得更为强壮、机警、有活力，得到了优化。

自然界遵守适者生存、优胜劣汰的法则，在这个竞争日益激烈的职场中，"适者生存"也应该成为企业员工生存、发展的金科玉律。竞争对个人和企业的确是惨烈的，但对于个人的发展与企业的进化同样非常有利。

太多的经验告诉我们:职场即战场,在企业内部人才的竞争过程中,如果缺乏竞争,就会直接影响到企业的整体竞争力,因此在管理过程中必须在制度层面制造一定的危机感,形成"谁懈怠,谁淘汰"的观念,这样才有利于企业健康发展。

企业管理者也必须让员工明白:在企业内部竞争过程中,看准时机该出手时就出手,不能仅仅理解成速度和力量,它更需要一种眼光和智慧。只有心存危机感的人,才能看到并把握住机会。

刘薇所在的公关部因为种种原因,比原定岗位多出一个名额,这就意味着,迟早要有一个人被裁掉,加上部门经理位置一直空缺,因此就导致部门内部竞争日益升级,甚至发展到有人挖空心思抢夺别人的客户的地步。

刘薇自从入职以来,一向本着凭实力和责任心做事的原则,只管付出不问收获,在部门里是出了名的逆来顺受,于是大家私下都认为她是最可能被裁掉的那一个。尽管论学历、工作态度、能力和口碑,她都不错,但因为态度,她一直没有机会好好表现自己,老总也以为她能力平平,没有什么过人之处。

后来，接到人事部提前一个月下达的辞退通知之后，刘薇半天也没有回过神来。她怎么也没有想到，自己两年多的努力不仅没有得到承认与尊重，反而得到的是被裁的待遇。她实在有点儿不甘心，暗暗下定决心，一定要找机会表现出自己真正的实力，挽回这个局面。

有一天，一个和公司即将签约的大客户提出要到公司来看看。这是一家大型合资企业，一旦和这家大客户成功签下长期供货合同，公司的发展速度会得到很大提升。来参观的人中有几个是德国人，并且是这次签约的决策人物。见面时，因为公司并没有料到对方会如此迅速地进入决策阶段，准备得不是很充分，特别是因为双方语言沟通不畅，场面显得有些尴尬。

就在公司老总颇感为难之际，刘薇不失时机地用熟练的德语同德国客人交谈起来，给老总救了场。接着，刘薇陪同客人参观了生产线，相谈甚欢。她凭借自己良好的表达能力和沟通能力、丰富的谈判技巧和对业务的深入了解，帮助老总顺利地签下大单。

这一次，刘薇随机应变的表现能力以及熟练的德语会话能力，让老总对她大加赞赏。她在老总心目中的分量悄悄发生变化。一个月后，刘薇不仅没有被辞退，还暂时代任公关部经理。

竞争的可怕不在于你将面对什么样的对手，而在于你需要意识到今天的每步路都会对未来产生影响。这是无形的竞争，也是最伟大的竞争——它不争一日之短长，以最终结果见高下。

在如今这个快节奏的时代，知识快速更新，每个人都应该有危机感，从而鞭策自己不断地寻求进步，探索新的工作方式，并且勇于竞争和争取。只有这样，才能创造出新的价值。如果你没有竞争意识和危机感，只知道埋头苦干，哪怕你以前学的知识再丰富，也会变得一无用处，最终被淘汰。

我们必须认识到这样一个事实：职场竞争中的新老交替是无法避免的，在这个过程中，胜者为王是唯一法则，如果你强，就用能力说话。一个企业生命力的延续，正得益于这个法则。

那些优秀的企业之所以强调优胜劣汰，是因为他们的领导者明白：企业发展要靠员工的努力拼搏来支撑，做销售的销售能力强，就能卖出更多的产品；做人力资源的能慧眼识千里马，并能协调公司员工之间的关系，就能招聘与维系优质的人才；做技术开发的头脑聪明，肯钻研，就能开发出更先进的技术。通过竞争，企业才能实现人才新老更替的优胜劣汰，不断补充新鲜血液，激励员工更努力地学习，提升自身能力。

因此，为了增强企业的活力与竞争力，在公司内部的用人机制上，管理者要遵循适者生存、不适者淘汰的原则，及时地裁减冗员，将那些不胜任工作的员工淘汰下去。这样一来，一方面可以减轻企业负担，另一方面也使留下来的精英时刻有一种危机感，营造"今天工作不努力，明天努力找工作"的氛围。

需要注意的是，管理者在进行竞争管理时，必须注意保证公平性和合理性，否则不仅会失去人才，还会引起其他员工的恐慌，使他们得不到肯定且没有安全感，很容易引发一系列负面效应，甚至导致企业经营管理的不稳定。提倡竞争制造危机感的目的，并不在于员工的流失，而是给员工施予压力。

总而言之，市场经济条件下，员工间的竞争如同逆水行舟，不进则退。优胜劣汰、适者生存是激发员工竞争意识的一种策略，管理者在实践中必须结合自身实际情况和管理需求贯彻这一管理理念，使企业永远充满活力，进而立于不败境地。

时刻关注，避免竞争"恶化"

我们虽然鼓励在企业和团队内部进行竞争，也提倡发挥竞争的正面激励作用，但是管理者必须意识到：只有良性竞争才有利于企业发展和团队成长，而恶性竞争则恰恰相反，是必须要警惕和避免的。

一家科技公司为了激发员工的竞争意识，无论是职称的评定还是奖金的发放，抑或是升职名额的选定，都采用"PK 原则"，即有能力者上，无能力者下。毫无疑问，这样的竞争制度在很大程度上可以提升员工的工作积极性，收到了预期效果。经理非常满意，但是没过多久，各种问题就出现了：

这次公关部有一个提拔主管的指标，几名符合条件的员工都想争这个名额。为了争取到这个升职机会，甲第一时间跑到经理面前打小报告："经理，你不知道，乙经常趁你不在时偷懒、开小差。"甲刚走丙又来了："经理，我觉得甲不应该得到这个名额，她清高孤傲，不适合做干部工作。"丙刚走，乙又来了："经理，丙是不是说我坏话了？她这人就是这样，老喜欢打小报告。"

就这样，这几个员工整天忙着相互拆台，工作不能顺利完成；而且，她们之间也是矛盾不断，谁看到谁都恨不得吵上一架，结果导致公关部的工作也乱了套。

怎么会这样呢？该经理陷入思考：该不该鼓励竞争呢？

这位经理所遇到的问题，可以说相当普遍。管理者引入竞争的目的通常是好的，竞争带来的结果是进步、活力和效率，但有些员工却在竞争中滋生了阴暗的嫉妒心理，想的是如何给别人脚下使绊、诬蔑别人，如何让同事完不成更多的任务……总之，就是通过拉先进员工的"后腿"让大家都扯平，以掩饰自己的无能。

毋庸置疑，这种行为会导致公司内部出现恶性竞争，使公司人心惶惶，员工相互保持强烈的戒心，提高警惕，防止被别人算计。这样一来，员工的大部分精力和心思都用在处理人际关系上去了，管理者也会被诸多的相互揭发、投诉和抱怨缠得喘不过气来，公司业绩自然会下降。

竞争有调动员工积极性的作用，但竞争不当也会产生消极影响，导致员工互相拆台、尔虞我诈，用不正当的手段达到目的，这非常不利于企业发展。所以，管理者在利用竞争激励法的同时，也要注意关心员工的心理变化，一旦发现问题，要及时采取措施，防止恶性竞争，积极引导良性竞争。

经过前边的事，经理意识到恶性竞争带来的弊端，痛定思痛，开始针对公关部每个员工的具体情况进行调解和处理。

首先，他宣布提拔主管的过程要进行一系列考察，由公司人力资源部门进行不定期抽查评定，最终结果由评定得分决定，在考察期结束之前，主管职位由经理本人代理。

之后，针对员工甲能力强、事事喜欢争第一的特点，经理把一个重要单位客户的公关任务交给甲全权负责，因为近期这个客户单位内部出现领导层变动，出现了很多不确定因素，因此需要更加深入地了解和把控。而员工甲意外被安排全权负责该项目，有些受宠若惊，出于喜欢接受挑战的个性，她马上全身心地投入该工作项目。

而员工乙总是热衷于一些八卦和人际关系操控，于是经理安排她去软件供应商的售后部门进行学习，美其名曰"业务进修"，一再嘱咐她要认真学习对方的售后和公关流程，到时候回来要承担起指导其他同事的责任。感觉被重视的乙员工，也兴高采烈地投入工作。

员工丙是新入职的应届毕业生，出身名校，心高气傲，总觉得自己马上就要大展拳脚了，实际上工作经验却比较欠缺。于是，经理把几项需要跟多个部门沟通联络的工作任务交给了她，意在让她在多部门协调工作中碰一碰钉子，多见识一下实际协调工作中的难题，挫一挫锐气。

经过一番工作安排，公关部的工作又重新步入正轨，选择主管的过程不再让经理头疼了。

管理者利用竞争手段提升员工的积极性无可厚非，但同时要致力于让员工明白在提升个人绩效表现的同时，也应该互相帮助，争取团队荣誉。以公司的业务员为例，制定的目标应包括部门目标和个人目标，让部门的成绩切实影响到个人收入，这样才能真正营造团队工作的良性竞争气氛。

此外，在竞争过程中，如果不考虑员工的个体差异，"一刀切"式地开展各种名目的竞争，其结果必然是产生种种矛盾，降低员工热情，甚至导致同事之间的人际关系紧张。所以，管理者要关注员工的个体差异，结合员工实际情况，尤其是已有水平和个性特点，提出适当的要求，而不要过分强调竞争。

管理者也要时常提醒员工："可以向竞争对手正面挑战，但不要把对方当作仇敌。"对有恶性竞争行为的员工要进行批评教育，在企业里树立正气，倡导良性的、公平合理的竞争，引导员工把竞争对手的存在当作促进自己努力工作的动力,同一企业内部的竞争对手更应协调一致,共同进步。

　　竞争是企业进步的动力,但是孤单的竞争、没有合作的恶性竞争却是无力量的,这一点管理者切不可轻视,要适当地引导员工,形成竞争意识与合作精神的统一,竞争中有合作,合作中有竞争,如此才能将竞争机制的激励功效发挥到极致,真正调动员工的工作积极性,推动企业的进步与发展。

第 8 章

情感激励：
视士卒如爱子，故可与之赴深溪

"管理"二字不应是冷冰冰地发号施令和执行制度，而应该在严肃之中兼顾人性关怀。毕竟管理的精髓在于人心，只有发自内心的情感，才能真正激励员工。

从管理角度而言，对员工的激励方法有很多，情感激励是其中一种很重要的方法。对管理者来说，就是要学会像关心家人一样关心员工，以真挚的感情感动员工，让下属感动并信任你，愿意长期追随你。

你给的欣赏，最能激发员工的责任感

美国著名心理学家威廉姆斯说过："人性最高层次的需求就是渴望别人的欣赏。"渴望被夸奖是每个人内心深处的渴求。夸奖能够唤起一个人的积极性，让他爆发出无尽的潜能。

从心理学角度而言，人都渴望得到社会的认可和尊重。如果领导能够恰如其分地夸奖下属，就会让下属人心归附，对领导、公司产生情感归依。一个从不夸奖下属的领导，和一个不断夸奖下属的领导，不仅在工作上，而且在威信力上也有巨大的差别。

山姆是美国一家印刷厂的厂长，有一天，他收到顾客的投诉，说印刷品的质量很差。山姆一看果然如此，同时他也知道，这份印刷品是一位新工人干的。

山姆把这件事交给车间主任处理。结果，车间主任认为那位新工人是在消极怠工，狠狠地训斥了他一顿，说如果像他那样做，工厂的次品都要堆积如山了，大家就只有回家了。

其实，这份有瑕疵的产品，并非新工人的不认真。他刚上班不久，怕动作慢了，完不成任务，于是慌慌张张地没有注意产品质量，只注意了产品数量，印出的产品大多不合格。听到主任的批评，他非常委屈，一个人躲在角落里哭了起来。

山姆得知此事，急忙找到那位新工人。他对新工人说："我昨天看到了你的工作成果，印得还不错！小伙子，你的干劲很足，每天能产那么多产品。要是工人们都像你那样有激情，我们的工厂就少有对手了，希望你好好地干下去。"

山姆没有一句批评，反而还赞美了他的工作成果，表扬了他，这让新工人非常感激。从那以后，他的工作更加努力，没过几年，就成了厂里的核心骨干。

试想，如果山姆也像车间主任那样再批评新工人一番，他的工作热情势必会大大受损。但是，他没有责备那名工人，反而是从不足中看到优点，结果在山姆的赞美下一扫沮丧，最终取得了一定的成绩。

现在，有的老板只懂得摆架子，一开口就是命令，从来不说一句表扬和肯定的话，好像所有的员工都亏欠他一般。长此以往，别人就会觉得你只是在利用自己，或者觉得为你办事没动力、没干劲，以后你再开口求人、命令人，就不是很容易了。

　　一位著名的畅销书作家曾在他的著作中提出这样的理论："员工最希望得到什么奖励？有人认为是金钱。其实不然。如果你将金钱和领导的赞赏同时列举出来，并告诉他只能选其中一项，那么大多数人都会选择赞赏。"对于这一说法，著名心理学家威廉·吉姆斯表示同意。他说，员工渴望得到赞赏，没有人会从内心里认为自己受到的赞赏太多。

　　我们常听到一些管理者抱怨自己的下属工作不积极，上班没精神，工作没效率，每天都是一副"当一天和尚撞一天钟"的精神状态。至于为何出现这样的现象，管理者大概只会把责任归咎于下属本身，而不去想想自己是否有做得不够的地方。

　　其实，很多时候，员工不能全身心地投入工作，原因恰恰出在管理者身上。比如下属有了成绩，他们就直接屏蔽掉，连一个"好"字都不愿意说。时间一长，员工心中熊熊燃烧的小火苗就会被管理者的冷漠毫不留情地扑灭。

　　要让下属永无休止地施展才华的最佳方法，就是管理者必须学会适时地夸奖，这能有效地激励他们的工作积极性。遗憾的是，很多管理者都如故事中的官员一样，碰到不顺心的事，就把下属批评得一塌糊涂；碰到应该夸奖的事，却又沉默不语，吝于赞美。这对下属的成长和团队的发展，有百害而无一利。

作为企业的管理者，当下属获得一定的工作成绩时，适当对他进行称赞和褒奖，比如"干得漂亮""我没看错你，你很有潜力""以后你就是我倚重的左膀右臂"等，这样的高帽子无论戴到哪个人的头上，他的心里都会受用不尽。

也许更多的人追求的是金钱，聪明的人却很明白，上级的赞美其实就是一种暗示：好好干，我不会亏待你的，你付出的一切，我都看在眼中。有了领导这样的承诺，你还能不安心吗？

常言说："良言一句三冬暖。"只要是人，都喜欢听别人的赞美，喜欢被人吹捧，这是人之常情。企业领导者要想让下属以积极的心态面对眼前的工作，一句适当的夸赞、赞美，就可以让他做到。

第题题

倾听，管理工作的第一步

"管理"二字，并非只意味着上行下效，发号施令，管理者与被管理者也并非一上一下的相对关系，而是管理者站在平等的位置了解员工，从而得到精准的管理回馈。

在以往的管理观念中，管理者倾向于将员工的抱怨视为员工的个人问题，将其归因于员工无法很好地与企业需求相匹配而产生的不良情绪。很多时候，不仅不愿意倾听员工的抱怨，甚至对抱怨的员工采取批评等消极方式进行处理。

现代企业管理更加注重个人因素，通过调动每个员工的积极性激活团队全体成员的活力。每个人的想法、状态、情绪对于一个团体，都可以说是至关重要的。对管理者而言，想要做好管理工作，首先要学会倾听，倾听团队的声音，倾听每位成员的声音。很多时候，管理工作中遇到的问题，其实都跟管理者缺少倾听的态度有关。

小王是某电信公司的售后工程师，因为工作表现出色，特别是擅长与客户沟通，帮助公司解决了不少难题，领导觉得他的能力在售后部门有些屈才，就把他调到了售前部门，希望他能够发挥自己沟通方面的特长。

然而到了新岗位之后，小王发现售前的客户沟通跟售后的客户沟通完全是两回事，售前主要是开发和说服客户，不仅需要更强的说服能力，还需要人脉资源，也要跟公司的许多部门打点好关系，而这些都是他不擅长的。

工作越干越不顺，小王心情非常郁闷，整天与同事聊天聚会没有别的话题，就是抱怨，抱怨业绩压力大，抱怨公司不照顾他客户开发上起步晚、人脉少的难处，抱怨公司各个部门沟通起来效率低下，行动迟缓……

然而，这些抱怨并没有引起领导的注意。小王在新岗位上苦苦挣扎了三个月，每个月的业绩都是最差的，巨大的压力让他患上了焦虑症，后来不得不提出辞职。这时领导才觉得自己的安排有些不妥，有心让小王回到售后部门，可这时小王的状态已经差到极点，最终还是办理了离职手续。

很显然，这是一个非常糟糕的结局，公司损失了一名优秀的售后人才，而小王的职业生涯也遭遇重挫。相信每位管理人员看到这里都会思考：如何才能避免这个糟糕的结局呢？

从管理者的角度，这件事情领导是有责任的，员工在不合适的岗位上抱怨了那么久，上司竟然完全不了解，也没有主动去了解，这是非常不应该的。可以说，正是领导在了解下属途径上的缺失，导致了这出职场悲剧。

那么作为管理者，我们应该怎样学会倾听团队成员诉求的技巧呢？

在日本的一些企业中，它们每周都有半天时间专门用来倾听员工对工作和生产过程中的各种意见和不满。每周的这个时候，企业的各级领导都必须坐在自己的办公室里，倾听和开解员工的抱怨。为了确保员工可以畅所欲言，这半天中所说的话，都不会留下任何形式的记录，也不允许第三人在场倾听。

日本是一个非常注重上下级尊卑差别的国家，但是在这半日里，下属可以当面指责领导，抱怨领导做出的不合理举动。这些平时说出可能会给自己带来麻烦的话，在这半天里却可以直言不讳，而不必担心给自己带来任何后果。

通过每周的"抱怨日"，员工在工作中产生的不良情绪可以得到顺畅的发泄，管理者也能从员工的话语中发现问题，并及早改正。

管理者如果可以亲自倾听员工的不满，不仅能够安慰对方的情绪，还能增进彼此的了解和信任。因此，当员工中产生不满情绪时，管理者要懂得倾听和疏导。对于一个团队而言，化解员工抱怨的过程，就是给团队排除工作隐患、促进其凝聚的过程。

优秀的管理者不仅会积极倾听抱怨，更能从抱怨之中寻找和发现一些工作中所隐藏的问题。员工的抱怨来源于压力，而压力则来自实际工作。领导在倾听抱怨时能够及时发现问题，及时反思，就能够对公司的经营决策做出调整，避免工作失误，减少员工的不满，让企业的内部环境变得更加和谐。

以消极的态度处理抱怨，只能使抱怨越积越深，直到有一天不能承受，爆发出来，此时就很容易引发更深的矛盾，甚至是怨恨。以积极的态度处理抱怨，注意倾听抱怨，既可以建立情感与信息的交流通道，也能让上下级之间增加一份信任，这是打造一支优秀团队所需的必要条件。

对下属的抱怨持什么样的态度，是考验管理者管理水平的条件之一。及早认识到员工抱怨的危害，看到它对开展团队工作的不利影响，积极地应对，妥善地处理，有效地利用，将抱怨的负面能量转化为推进力量，促进企业和团队发展。

作为管理者，在面对员工的抱怨时，还需要知道员工的抱怨一定有其产生的原因。在倾听员工抱怨的同时，要理性地分析员工抱怨产生的原因，找出员工抱怨的诉求点。如果员工所抱怨的内容与生产中确实存在的不合理之处有关，就应该在耐心倾听和开导之后，给予妥善的解决。对于员工的合理抱怨，也要学会鼓励。

企业管理界有这样一句话，"员工就是客户"。企业要发展，管理工作要提高，需要听到负面的评价。员工对企业有抱怨，说明员工是在乎企业的，只有为员工提供一个抱怨的平台，耐心倾听员工的抱怨，才能防止负面影响的进一步扩大。

倾听是一种尊重，管理者应该学会更好倾听的方法。在员工有所抱怨的时候，首先要学会倾听，而不是火冒三丈，甚至大声呵斥，而要静下心来，倾听他的不满。给予对方必要的尊重，创造良好的沟通平台，然后耐心地进行解释和沟通，这样才能让抱怨的负面情绪转化成正向的推动力。

企业中，产生抱怨的因素有很多。比如，员工喜欢抱怨领导为什么总是分配给自己比较难的任务；喜欢抱怨工资少，等等。企业领导者要认真倾听每个人的抱怨和不满，从中了解管理工作的不足，汲取经验，学到更多的东西。

如果管理者不能理解员工在想什么，听不到一句心里话，那么同谁也交不上朋友，自然得不到他人的真心对待。只有同员工彼此敞开心扉，听到员工的真实心声，员工才能亲近你，与你交心；只有倾听员工的心声，与员工真诚沟通，才能和员工一起，将企业推向成功。

告诉员工，他很重要

我们知道，任何人都渴望成为焦点，体会被重视的感觉。企业中那些有智慧的管理者，都懂得刻意为自己的员工创造表现自己的机会，让他们时刻牢记自己在企业中扮演着很重要的角色。这样做不仅可以让员工有成就感，同时也可以让员工更有方向感，知道自己该做什么、怎么做，才能更加有利于企业发展。

对于员工来说，没有什么激励比得上上司的重视和关怀，有些时候，这种无形的激励，甚至比物质奖励更能打动员工的内心。

为了研制出新式的闭路电视系统，美国斯凯郎电子电视公司总裁阿瑟·利维聘请了一个年轻的技术人员。这个年轻人叫比尔，在工作上颇有干劲，一上任便一头钻进实验室，废寝忘食地整整干了一个星期。

比尔的确是个很努力的员工，他曾经40多个小时没有离开过实验室，连吃的东西都是请人送进去的。当研究工作暂告一段落后，他在床上睡了一天一夜，醒来时一眼就看到利维正坐在他的床边。

见到比尔睡醒，利维立刻拉住他的手，说："年轻人，你太拼命了。我宁愿不做这种生意，也不能赔上你这条命。搞研究的人少有长寿者，但我希望你能节制。你的心意我领了，就是研究不成功，我也不会怪你的。"

利维的一番话，深深地感动了比尔。从此，他不再总是为了工资而工作，而是把研制新产品当成他和利维的共同事业。不到半年的时间，闭路电视便研制成功，为利维公司的进一步发展开辟了广阔的前景。而在比尔心里，利维就是自己永远的领导。

对员工比尔表示关爱，这为阿瑟·利维赢得了人心，也为企业带来了发展，更提高了他的企业领导者身份。这种情感上的关怀，没有让比尔感到工作和老板给他带来的压力，而是贴心的温暖，从而更加激发他的士气，使得他不再为工资、个人吃饭而工作，而是为自己和利维的事业而"玩命"。

很显然，这个事例中，总裁利维就是通过对一个员工的重视，让他体会到自己的重要性，进而激发出他的责任感，最终达到激励他积极工作的目的，让企业多了一个诚恳工作的员工。对员工表现出重视，是管理者抚慰员工的一个必备手段。

让员工知道自己的重要性，就是要员工清楚地知道自己在企业中处于什么位置，身上承担着什么样的责任，这也就等同于在一定程度上给他们施加一定的压力。这不仅可以激起员工的工作积极性，更可以让一个濒临危境的企业起死回生。

在团队当中，每个人都希望能够实现自我价值，体现自己在团队中的作用。作为企业的领导者，就需要让手下的员工常常感到自己在企业中的地位，感觉到团队的运作还需要自己，领导也是离不开自己的。

亚洲金融危机结束后，日本陷入了严重的经济危机，全国各个工厂的效益都很差，失业人数陡增。一家以生产半导体为主的企业也濒临倒闭。为了让企业起死回生，减少企业在人力资源上的支出，它决定裁减企业 1/3 的员工。

企业总裁经过考虑，决定裁员的主要对象是清洁工、司机、非技术性人员、保安等，共有 30 多人。正式裁员之前，总裁将被裁掉的这些人叫到办公室，说明了裁员的原因，并说明裁员的对象是那些在公司里并不重要的一些人。这些人听了之后，纷纷提出抗议。

清洁员说："要是没有我来打扫卫生，没有清洁的工作环境，谁还愿意在这样的工厂工作呢？难道我不重要？"司机说："如果没有我们司机将生产好的物品送到市场上销售，公司又怎能获得发展呢？"保安人员也说："我同样很重要，如今经济形势不好，流落街头的人非常多，如果没有我们，企业的资产安全就很难得到保障！"

总裁觉得他们说得都有道理，一时取舍不定，经过再三思考，决定不再裁员，而是降低领导层的薪水，帮助企业渡过难关。为了鼓舞士气，总裁在公司门口竖立了一块大牌子，上面写着"我很重要"四个大字。进厂的员工，第一眼看到的就是这四个大字。

从此，这个公司不论是一线管理员还是领导层，都很重视自己在企业中的地位。一年之后，这家工厂终于走出困境，起死回生，并利用经济复苏的机会迅速地发展起来，后来成为日本国内非常有名的大公司。

作为管理者，企业的领导者要能够看清每个员工的优缺点、长短处，并把他们安排到相应的岗位上，让他们感到自己在企业中很重要。当员工真正能将"我很重要"这四个字当成一种思维习惯的时候，企业管理者就会发现自己的工作会变得很轻松，因为员工已经在发挥他们自己的能力了。

据说，孔子家里的马厩曾经着火，当家里人飞奔而来告诉孔子这个消息的时候，孔子第一句话问的就是：伤人乎？不问马而先问人，这其实就代表了一种心态和智慧，因为孔子知道，人才是需要首先关怀的对象。

企业领导者同样要明白，究竟什么才是对企业、对自己最重要的，那就是员工。所以，无论什么时候，都要把员工放在最重要的位置。只有保持这样的心态，才能真正发自内心地关怀员工，让员工体会到这种关怀和重视，发自内心地产生对企业的信赖和归属感。

懂得包容才能留住人才

古时的越国，有个人的家里老鼠特别多，他深受其扰，于是弄回一只擅长捕鼠的猫。这只猫非常善于捕鼠，但是有个缺点，就是也喜欢吃鸡。后来，越国人家中的老鼠被捕光了，但鸡也被猫偷吃了好几只。

这时家人想把吃鸡的猫弄走，这个人却说："老鼠偷我们的食物，咬坏我们的衣物，挖穿我们的墙壁，损害我们的家具，不除掉它们，我们必将挨饿受冻，所以必须除掉它们！损失几只鸡大不了少吃些肉，离挨饿受冻还远着哩！"

这个故事值得所有管理者深思。常言道"金无足赤，人无完人"，一个人的优缺点往往是相互依存的，如果企业管理者不懂得包容下属的缺点，他就很难留住那些最优秀的人才。

金无足赤，领导者对人才不可苛求完美，任何人都难免有些小毛病，只要无伤大雅，何必过分计较呢？最重要的是发现他的最大优点,能够为企业带来怎样的利益。比如,美国有个著名的发明家洛特纳,虽然酗酒成性,但是福特公司还是诚恳地邀约他去福特公司工作,此人也为福特公司的发展立下了汗马功劳。

在日常管理工作中,企业的领导者和管理者要将注意力集中到人的长处上,对一些小缺陷则可忽略不计,除非这些缺陷会影响他现有长处的充分发挥。如果管理者对于下属缺乏包容心,一味地抓住下属的缺点和短处,不仅难以有效发挥人才的潜质,也将毁掉上下级关系中的真诚感。

美国南北战争时期,林肯总统任命格兰特将军为总司令。这时候有人向林肯投诉说格兰特嗜酒贪杯,难当大任。林肯说:"我倒想知道他喝的是什么牌子的酒,我想给别的将军也送上一两桶。"如果喝酒还能够打胜仗,别的将军也可以喝点儿酒。

其实,林肯懂得包容下属的缺点,也是很不容易才学会的。在此之前,林肯的用人标准是必须选那些没有重大缺点的人,结果他先后选用的三四位将领都在战场上受挫。而格兰特将军的受命,正是南北战争的转折点。

管理学大师德鲁克说过:发挥人的长处,才是管理的唯一目的。才干越高的人,其缺点往往也越明显。作为管理者，一定要记住一个原则，就是"见人之长，容人之短"，就是说用人不要看他有什么缺点，而是看他能做什么。同样的道理，也适用于日常企业管理与上司的沟通和自我管理中，对于团队中的每位成员，要着眼于他能做什么，而不是他不能做什么。这样的包容，不仅能够最大限度地发挥下属的长处，而且能够在情感上引起下属的共鸣。

王培在美国一家汽车企业中国分企业担任技术员，他的专业能力很强，不仅能够轻松解决自己工作范围内的技术问题，还专注于跨部门研究，经常帮助其他部门的同事搞定科研难题。他对技术研究表现出非常强的兴趣，经常为了弄懂一个小问题而加班到深夜。

但是王培也有一个很大的缺点，那就是不善于与人沟通，缺乏团队合作精神。在本部门内部，只要别人不喊他的名字，他绝对不会说话。在他带领的科研项目中，他往往只是简单地发给大家一个任务表和计划表，就不再交代什么。部下们每次都要反反复复地找他沟通好几次。

很多时候，同事都反映王培很固执，当别人与他探讨技术方案的时候，对他提出的方案有任何意见，他都不接受，即使只是细小的修改，他也寸步不让。同事们感到头痛，但却无良策。

企业领导原本就因为王培的努力而器重他，得知这个情况之后，并没有对他的这个缺点说什么，反而继续让他担任科研项目负责人，并且安排自己的一位助手协助王培，专门负责上下通联，并在项目不忙的时候，安排王培到企业总部进修。

王培深知自己的缺点，但领导肯如此包容照顾自己，让他感动不已。在平时的工作中，他更是竭尽全力，带领团队不断解决技术难题，为企业立下汗马功劳。

所谓"尺有所短，寸有所长"，以辩证的观点来看，短也是长。清代思想家魏源说："不知人之短，亦不知人之长，不知人长中之短，不知人短中之长，则不可能用人。"中国智慧充满辩证法，就看你是否具备这样的眼光。面对有缺点的人才，选择包容并让他发挥优势，是领导者和管理者的明智选择，也是领导者和管理者的高明之处。

事实上，那些真正有才华的人，通常都不是那种循规蹈矩的人。那些毫无特点、毫无个性的循规蹈矩派，虽然容易得到领导者和管理者的好感，但他们的唯命是从往往说明他们很难成为顶尖人才。正确的用人之道，在于求其人之长，而不在于求其人为"完人"。你能够包容他的短处，就能够利用他的长处，这个道理，管理者一定要明白。

很多管理者一方面眼里容不下沙子，无法容忍下属的缺点；另一方面，又想着为企业物色"各方面都好"的人，结果很可能就是，招到一大批能力平平的庸才，而错失真正有价值的人才。

现代管理学主张对人实行功能分析："能"，是指一个人能力的强弱，长处短处的综合；"功"，是指这些能力是否可转化为工作成果。结果表明：宁可使用有缺点的能人，也不用没有缺点的平庸的"完人"。

由此可见，企业的领导者和管理者只要懂得包容，缺点也可以变成优点。古人云：善看主流，容人之过。容人之过，可得贤才。企业用人则要看实际、看主流、看本质，不求全责备，不以一时一事论英雄，更不以小恶掩大德，不因小过斩大将。

对那些有思路、有办法、有气魄、想干事、能干事，又在工作中偶尔产生较大失误的人，和个人生活中有缺点和错误、群众有争议的团队成员，不应当头一棒打入冷宫，而应该把他们放在合适的位置上，从而发挥更大的作用。

企业管理者一旦发现这样的优秀人才，就要"咬定青山不放松"，学会包容人才的小缺点，合理配置不同风格的企业人才，让人才都为己所用，为企业的兴旺发达不断注入新鲜血液。

■ ■ ■

用信任激励犯错的员工

一天早晨，福特汽车创始人亨利·福特正在会议室与下属开会。突然，一个长相凶悍的人闯进会议室，从怀里掏出一柄匕首，威胁要见福特。员工们见此情景都吓呆了，纷纷猜测福特是不是私下得罪了什么人，以致仇家上门，有些人想要去报警，这时被福特拦住了。

福特中止了会议，在安保人员的保护下，很客气地将这个人请进办公室，并让自己的秘书给他冲了一杯咖啡。这个陌生人迟疑地端起咖啡，喝了几口之后，终于开口，说道："请求您给我一个做事情的机会，我真的很想改过自新。您是老板，您说的话肯定管用。"

众所周知，福特是一个极懂得用人的企业家。在用人上，他处处体现出智慧，此时也展现了他出人意料的宽容，问这个人："你原先在什么地方上班？做什么工作？为什么今天会拿着刀子到我这里来？"

陌生人低下头说："其实，我是一个抢劫犯，刚刚从监狱里放出来。我知道抢劫不对，可是我真的没有办法，我也是为了能够养家糊口。"

听到这个人说自己刚从监狱出来，福特身边的安保人员顿时紧张起来。福特却没有表现出什么，而是口气温和地说道："你有没有到其他公司去呢？或者，有没有你想做的职业？"

那人摇摇头，十分沮丧地说道："我曾经面试过一些公司，但是他们一听到我有前科，就将我赶了出来。如果这种找不到工作的情况继续下去，我就只能再做回原先的抢劫犯，回到监狱里去。"

福特想了一下，说道："如果我今天答应录用你，你有什么打算呢？"陌生人听了这话之后十分激动，想要起身做些保证，福特手一摆，说道："你不用跟我做什么保证，我相信你了，这样吧，你明天到我这里来上班，让我看看你能够做些什么。"

陌生人怔了一下，然后连声道谢，十分感激地离开了。公司里的其他人知道了福特的决定后，都惊讶得合不拢嘴，并不理解福特的用意。

后来，这个人进入工厂工作之后，不仅改过自新，而且特别勤奋，对福特和企业简直可以说是死心塌地，后来成为生产线上的骨干人员，用实际行动回报了福特对他的信任。

许多管理者以严格执行违章制度为荣，认为所有的管理工作都要从严，才能树立威信，维持企业良好运转。实际上，"严"与"宽"都是管理的手段和技巧，没有高下之分，任何人都不是全能型人才，失败总是伴随一个人的成长。宽待犯过错误的员工，可以更好地激励下属。

常言道："人有失足，马有失蹄。"一个人活在这个世界上，犯错是在所难免的。犯错不可怕，也不是最重要的，最重要的是在意识到自己犯错之后的态度。"知错能改，善莫大焉"，能够意识到自己的错误，并懂得改正错误的方式，才是面对错误的最佳方式。企业领导者更应该懂得宽恕下属员工曾经犯过的错误。

但凡那些优秀的管理者，不仅不会将下属的错误放在心上，还会以更加敞开的胸怀面对他们。"吃一堑长一智"，那些经历过失败的员工往往更清楚通往成功的方向，他们的错误中可能还孕育着成功的机会，这其实也是"失败乃成功之母"的解释。

王信就是一个遇到宽容上司的幸运者。

身为销售经理的王信，手里积累了大量的客户资源。有一次，一个合作很久的客户企业陷入经营困境，账期拖了很久，让王信很是头疼。后来，他通过侧面打探消息，得知这个客户的企业经营状况进一步恶化，已经到了无以为继的地步，他非常担心之前的账款打了水漂，于是与几个同事商议之后，决定赶在这个企业宣布倒闭之前，通过他们之前一直合作的一位库管，扣下了这家企业一批价值不菲的货物，希望能够为公司减少损失。

可是让王信万万没想到的是，这家企业早在经营情况恶化之前，就已经把包括厂房货物在内的所有物资抵押给了银行。王信私自扣留货物的行为，不但没有为公司挽回损失，而且还惹上了官司，导致公司需要承担因此事而引起的诉讼费用。

王信知道，老板是一个严厉的人，有时候甚至可以用"严苛"来形容。当年自己招标时因为爆胎迟到十分钟，事后被老板狂骂了半个小时。而且，老板对他十分严格，批评起来毫不留情面。这一次，他觉得既没有要回货款，又让公司吃了官司，损失这么大，老板肯定是要让自己卷铺盖滚蛋的，于是主动写好辞职信，交给了老板。

然而，出乎王信意料的是，老板听了他的报告之后，连眼睛都没眨一下，对他说："这世上没有后悔药，更没有时光穿梭机让你纠正已经犯下的错误，这件事就到此为止，损失的已经无法挽回，现在去做些能让公司赚钱的事。"

本以为就算不会被开，也会被老板狠批一顿的王信惊呆了，老板轻描淡写的一句批评反而让他感受到了沉甸甸的信任。他暗暗下决心，一定要对得起老板的信任。接下来的六个月里，他为公司付出前所未有的巨大努力，公司也在当年创下历年来最高的营业额和利润。

试想，如果王信的上司在他犯下错误之后从重处罚，甚至将他开除，不仅因错误带来的损失无法挽回，又会损失一个可能为公司带来高额利润的人才，可谓错上加错，着实不划算。

所以，作为企业的领导者，应该以理性的眼光看待下属所犯的错误，帮助员工改正，这是一种最有利的鼓励。这样的机会对于他们来说更加难能可贵，其作用甚至超过千百倍的物质利益的刺激。另外，这样的激励机会也稍纵即逝，有作为的领导者一定要以敏锐的目光及时地抓住，看到错误中的发展机遇。

人非圣贤，孰能无过？任何人都不可避免地会出现错误，不能因自己一时犯下的错误就对自己全盘否定，否则就会情绪低沉。而且，不论你怎样消沉，该面对的还是要面对。有消沉的时间，还不如集中精力，对自己所做的一切进行反思，完成整个调整过程，重拾勇气，投入工作中去。

总之，"雪中送炭"可以让员工对自己加倍忠诚。对曾经犯错的员工，企业管理者不能一味地否定，将其定义为一个没有任何用途的人，这样只会让员工自暴自弃。如果适当地给予一次机会，员工就可以改变当前困境，甚至为团队和企业带来更大的惊喜。

激 善 励

为员工创造一个家

无论是哪个公司的领导，都会有这样一种感觉：和下属之间总有或多或少的隔阂，仿佛很难走入下属的内心，这样一来，就很难把握下属是否真正发自内心地认同企业，认同自己，这是困扰许多企业领导者的问题之一。

事实上，每个人都会有自己的想法，员工视角与领导视角自然有着截然不同的看法，比如，我们常常会听到员工这样抱怨：

"公司又不是我开的，盈利不盈利跟我有什么关系？"

"老板给我多少钱，我就干多少活。"

"又说我不尽力，我就是个打工的，尽力还能怎样？"

如何管员工才会听，
怎么带员工才愿干

听到员工发出这样的抱怨，身为企业管理者的你，是不是会觉得很不高兴？每个管理者都希望自己拥有一个高效率的团队，但现实与梦想总有差距。一些员工认为自己跟公司没有太大关系，自己只是打工的，挣钱糊口而已，就抱着"做一天和尚撞一天钟"的心态，浑浑噩噩地度过每一天。说到底，就是这些员工对企业和团队没有感情，更不用提主人翁精神了。

事实上，企业领导者想要让自己充满威信，想要公司可以正常运转，必须让下属发自内心地追随自己。但是，如果你只是惯性地运用高压强制的手段强行打开下属的内心，恐怕是不得其门而入。唯有切实了解他们内心真正的想法或需要，才能真正走入下属的内心。

伊藤四日堂是日本的著名超市之一，市场占有率很高。能做到这一点，除了采取科学的管理方式，更重要的是它的社长伊藤先生懂得如何关怀下属、与下属说话，让这份关怀融入工作。

伊藤四日堂每次招聘新员工时，伊藤先生都会给他们开一个轻松的会议。在会上，伊藤先生这么说："本公司80%的职工是未婚女青年，我认为公司受你们家长的重托，承担了培养和教育的责任。"

听到这里，所有的员工都大吃一惊，其他公司的领导都在强调工作等，像伊藤先生这样的少之又少。看到新员工吃惊的样子，伊藤先生微微一笑，继续道："正是因为这样，从公司的立场来说，绝不能让你们成为连招呼也不会打的小姐再回到父母身边，或者连东西都不会买的小姐嫁到未来的丈夫家去。因此，公司会严格要求你们，在商品知识的教育方面也花了很大一笔开支。我们会告诉你们，学会当一名合格的店员，不仅是为了顾客，为了公司，更是为了你们自己，你们来到我的公司，我就要对你们负责，把你们当成自己的孩子一样去培养。"

伊藤先生的话，赢得新员工的一片掌声。这些员工在工作中充满活力，都认为这样的老板真是千载难逢，对他无比佩服，工作效率自然提高许多。

伊藤先生的语言很朴实，但却透出温暖，他不仅仅从公司的角度出发，更重要的是从下属自身的成长出发来教育培养他们，让员工对企业有家一般的归属感。

为下属的前途着想，员工自然会充满感激，认真对待工作，处处为公司发展着想。所以，身为领导的你，应该让语言温暖一点儿，不要总是板着脸，这样才能让下属产生强烈的归属感。自己的人气自然也会水涨船高，威信也在无形中得到巩固。

　　无独有偶，日本日立公司也是这样一个充满温暖的企业，公司内设了一个专门为职员架设"鹊桥"的"婚姻介绍所"。员工可以根据自己的意愿，把学历、爱好、家庭背景、身高、体重等资料输入"鹊桥"电脑网络，然后当某名员工递上申请书后，便有权调阅电脑档案。申请者往往利用休息日坐在沙发上慢慢地、仔细地翻阅这些档案，直到找到满意的对象为止。

　　随后，公司会将挑选方的一切资料寄给被选方，被选方如果同意见面，公司就安排双方约会，约会后双方都必须向联系人报告对对方的看法。有一名叫田中的工程师，他为日立公司工作近 20 年，对他来说，公司就是他的家，甚至他美满的婚姻都是公司为他创造的。

　　团队里营造了"家庭的温暖"，员工自然能一心一意地扑在工作上，对团队产生"鱼水之情"。这样的管理成效是一般意义的奖金、晋升所无法比及的。

　　激励不是冷冰冰的语言，而是充满热情的能量。只有表现出真实的情感，管理者的亲和力才能得到大大提升，从而增强团队凝聚力。企业管理者喜欢向员工强调"把公司当成自己的家"，但当你向员工强调"把公司当成自己的家"的时候，也要能"为员工创造一个家。"

要想将情感融于激励，管理者必须从大处着眼，从小处着手，时时处处尊重人、关心人、理解人。中国有句古话：一个篱笆三个桩，一个好汉三个帮。成功要靠组织、团体，而非仅仅靠个人。只有让团队中的每个成员都有大家庭的意识，团队才能有活力。

一个团队，一个企业，其实就是一个大家庭，作为团队领导者的你，就是要想方设法地使这个大家庭更加和睦，更加团结。员工的家庭意识是这台机器源源不绝的动力。当员工真的把自己当成企业大家庭的一员，就会处处以企业的利益为重，变被动为主动，愿意以自己的实际行动为团队添砖加瓦。

恰到好处的表扬，是最好的激励（有些奖励，无须兴师动众）

从心理学的角度看，人都渴望得到社会的认可和尊重。美国著名心理学家威廉姆斯说过："人性最高层的需求就是渴望别人的欣赏。"渴望被肯定，是每个人内心深处的渴求。

在企业团队中，肯定和表扬能够唤起一个人的积极性，让他爆发出无尽的潜能。如果领导能够恰如其分地表扬下属，就会让下属人心归附，对领导、公司产生情感归依。一个从不表扬下属的领导和一个不断表扬下属的领导，不仅在工作上，而且在威信力上也有巨大的差别。

其实，让下属不断施展自身才华的最佳方法之一，就是上司恰到好处的表扬。遗憾的是，很多"指责型"的中层一碰到不顺心的事，就把下属批评得一塌糊涂；碰到应该表扬的事却又沉默不语、吝于赞美。这对下属的成长和团队的发展，有百害而无一利。

杨颖大学毕业后应聘到一家中外合资的保健企业做业务员。工作的前几个月，她的销售业绩少得可怜，部门经理经常在员工大会上点名批评她。所谓"知耻而后勇"，杨颖不断钻研业务技巧，经常向老员工请教，她对业务的熟练度逐渐增加，与客户的沟通越来越顺畅，销售业绩一天比一天好。

到了年底，通过与同事的接触，她估计如果不出意外，自己应该就是年度销售冠军。但是让杨颖失望的是，部门经理定下一个政策：不公布每个人的销售业绩，也不鼓励相互比较。为此，杨颖心里很失落。

新年伊始，杨颖开始奋力工作，功夫不负有心人，她的业绩十分出色，提前两个月完成全年的销售任务，但是部门经理对此没有任何反应。

虽说工作上一帆风顺，但杨颖总是觉得自己干得不顺心。她觉得部门经理制定的政策很不合理，从来只是批评做得不好的人，却从不告诉大家谁干得出色，一点儿也不关注销售人员的业绩水平。

一次和大学同学聚会时，杨颖听说另外两位同学所在的很有实力的保健企业都在进行销售比赛和奖励活动。公司内部还有业绩榜单、公司内刊，专门对销售人员的业绩做出评价，让公司的每个人都知道销售人员的业绩，并且开大会表彰每季度季和全年的优秀业务员。不比不知道，越比越失望，一想到自己领导的做法，杨颖的气就不打一处来。

忍无可忍之下，杨颖主动找到部门经理，跟他说了那两家公司的做法，希望他也可以采取同样的策略。但是，部门经理将脸一沉，说："每个公司的企业理念不同，我们部门实行这种政策已经好几年了，这也是咱们公司独特的文化特色。我们不能随大溜，别人怎么做，我们就跟风。"

杨颖由失望变成绝望，立刻写了一封辞职信，她的辞职理由很简单："经理，我对公司的贡献没有被给予充分的重视，没有得到相应的回报，没有工作动力了。"

很显然，这位部门经理不懂得有效激励，没有给予杨颖应有的表扬，这让杨颖的心里极度失落，缺乏满足感。她只好甩袖走人，公司也失去了一名优秀的销售人才。

一个聪明的管理者，不仅需要一定的工作技能和领导能力，还需要掌握激励下属的技巧。在恰当的时候，为下属量身定做一顶"高帽"，恰到好处地表扬他们，这会令他们感受到认可和重视。很多时候，这种激励效果甚至超过物质奖励。

日常管理工作中，如果要笼络住下属和员工，就要对他们所做出的每点儿成绩给予充分的肯定，这就要求管理者善于在恰当的时机表扬下属，刺激他们的工作积极性。这样才能让他们的工作更有动力，也更能抓住他们的心。

第 9 章

— — — —

利益激励：
视员工为合伙人，建立共同利益联盟

■ ■ ■

领导者和管理者必须明白：一旦下属员工的表现卓越，符合企业期望，就必须立即给予相应的激励，使该行为得以强化和可持续，否则不仅员工可能会感觉心寒，甚至会形成负面榜样，影响到其他员工的积极性，对企业造成难以挽回的损失。

一个懂得运用利益激励的管理者，完全不必担心这种困扰。无论是奖金、福利、股权还是深造提升，对员工来说，本质上就是激励方式的不同而已。善于运用这些激励手段的管理者，永远都会让员工站在自己这边，与企业发展共进退。

第 四 章

让企业成为员工的发展平台

阿里巴巴的马云说过这样一句话："给员工充足的成长空间，让员工都知道他们是来要把公司做大的！"正是这句话所透露出来的管理理念，使得阿里巴巴多年来保持强劲的发展势头。马云坚信，企业要想做强、做大，留住进取心强的员工，最根本的方法就是要给员工提供一个发展的空间。

一颗树种要长成参天大树，适当的土壤和环境起决定性的作用。对企业员工来说，也是如此。当一个管理者把一个人才招募到公司时，就如同播下一颗树种，只有为他提供适当的平台，他才能发挥出全部的才能，为公司创造利润。

著名的谷歌公司自创办以来，就展现了强劲的发展势头，已经发展成为拥有员工 6 万多人、市值突破万亿的全球搜索引擎霸主，这不能不说是个奇迹。

可以说，谷歌取得的成功源于其创办人——当时还是学生的拉里·佩奇和谢尔盖·布林非凡的想象力、对创新近乎疯狂的追求，以及他们重视人才，努力给每位人才提供发展事业平台的做法。

在两位创始人的眼里，创新是一种持续的生产力。为了鼓励创新，谷歌鼓励员工在上班时间尝试做不同的事情。员工可以利用 20% 的工作时间做自己工作以外的事情，这可以理解成一个星期一天或是每五个星期一个星期。拉里·佩奇认为，"总结提炼、分享学习、使用和创新，需要给员工一些时间"。这一点很特别，公司的很多产品就是在这 20% 的时间里开发出来的，比如谷歌新闻和谷歌电邮。

另外，与其他企业最大的不同就是，谷歌还鼓励员工通过自主创新发展自己的事业，可以是内部创业，也可以是外部创业。甚至在员工外部创业时，谷歌创业管理机构会根据投入的创业基金、创业者的智力和技术等划分股份，作为合资方入股新创立的企业。当然，新创立的企业一旦盈利，就必须按照比例与谷歌分成。

企业老板竟然鼓励员工另起炉灶单独创业，而且要跟员工合伙！

这样惊世骇俗的创新，简直让大家惊诧到了极点，可谓赚足了眼球。就这样，谷歌对每位年轻人都充满吸引力。谷歌优秀的计算机科学专家遍及世界各地，其精彩的创新也来自四面八方。创新和成长的标签，更成了所有谷歌人引以为豪的个人标签。

即便是谷歌做出了如此出色的榜样，但不幸的是，许多管理者依然看不到创新为员工带来的成长，以及员工成长为企业带来的强大动力，只知道一味地向员工要绩效，丝毫不重视员工的创新和成长。

例如，有些企业过分强调工作效率，往往忽略了员工在工作中需要的知识总结时间、思考改进或创新的时间。这些看起来短期影响不大，但很可能令那些勤恳上进、胸有大志的员工产生再干下去也没有什么发展前途的感觉，于是在失望中寻找新的工作。

马云最尊敬的企业家之一——杰克·韦尔奇曾讲过自己的一段有趣经历。

在最初进入 GE 公司时，韦尔奇主要负责新型材料的研发工作，这项工作在当时的企业内部是一块明显的短板，有着很多不足之处。韦尔奇明知道困难重重，仍热情工作，努力攻克一个个难关。

不久，韦尔奇成功推出 PPO 材料，也因为这项成果被公认为 GE 公司塑胶部门的一颗新星，成为众多化工企业和猎头公司关注的焦点。不过，当时的韦尔奇丝毫没有跳槽的念头，而是雄心勃勃地要大干一场。就在这个关头，他发现了一个令他匪夷所思的问题。

因为新材料研制的成功，GE 公司在当年年底时给韦尔奇发了 1000 美元的奖金，这使得他异常高兴，深受激励。然而没过多久，韦尔奇发现，只要是新员工，在工作的第一年年终都能获得 1000 美元的加薪。

这就尴尬了！

努力了一年，研发了震惊业界的新材料，还被众多猎头所关注，到头来竟然没有任何额外的奖励？如果是这样，干脆混日子好了，为何要拼命做成绩出来？

天生要强的韦尔奇无法忍受 GE 公司对人才创新的忽视，在他看来，付出多少努力就应该得到多少报酬。于是，他果断向 GE 公司塑胶部门主管提出辞呈，随后接受了芝加哥国际矿物化学公司的邀请，以之前两倍的年薪跳槽了。

当然，这并不是最终的结局。韦尔奇的这段经历之所以"有趣"，就在于 GE 公司副总裁鲁本·加托夫的做法。他对这位年轻的化学博士早有耳闻，尤其是目睹 PPO 材料研制出来后整个塑胶部门的业绩直线上升。这位副总裁闻讯之后，第一时间赶到塑胶部门，以三倍于当时工资的薪酬，以及只要做出新的成绩就立刻升职的承诺，成功留住了韦尔奇。

随后的 40 年里，这个年轻人一直都在一心一意地为 GE 公司服务。1981 年，韦尔奇成了公司的总裁，并带领着 GE 公司稳居世界 500 强的首位，他本人也因此成为世人眼中优秀企业家的代表。

很显然，优秀的管理者懂得培养员工，给员工提供一个良好的平台、一份长远发展的事业，提供可持续发展的机会和空间，这样会让员工感到选择公司不只是选择了一份工作，更是选择自己一生的事业，如此自然会全力以赴地投入工作。

那些勤恳上进、胸有大志、愿意成长的员工，其实是企业最需要的，也是最需要留下来的骨干。那么，多少企业愿意让一线工作人员，特别是骨干人员，将 10%—20% 的时间花费在创新或知识传承上呢？

答案并不乐观，太多的企业只重视眼前利益，而忽略长远利益，这就导致企业创新力不足，留不住人才，这样的企业，谈何成长？

鉴于此，管理者一定要及时了解员工对环境的需求和想法，尽力提供有利于其施展才能的环境，给予有能力的员工一定的发展空间，鼓励他们勇敢创新，大胆尝试，自由发挥，可以自由地做一些自己想做的事情，实践自己的想法，这才是对员工的最好激励。

"重饷养兵"值得思索

一个老板对员工说："我知道你的工资低，公司现在需要积累更多的资金来发展，给你加薪现在还不现实，我们一起奋斗，未来我们什么都会有的。"

员工回答说："如果现在不来点儿实际的，你要实现公司的未来发展，也是不现实的。"

这虽然是一则网络流传的段子，但不得不承认它还是很有道理的，从现实出发，理想才会变成现实。企业领导者和管理者如果不能给员工兑现落到实处的奖励，就很难保证员工工作的积极性以及忠诚度。

我们必须承认，"无利不起早"，是常人普遍存在的心态。这句话虽然说得略显直白，却道出了一个现实：实实在在的奖励才能激发人做事情的积极性。大家朝九晚五，辛辛苦苦地打拼，为的就是一个"利"字。正所谓"重赏之下必有勇夫"，在物质利益的刺激下，人人都会奋勇争先。反之，没有利益的策动、驱使，有谁会拼命地帮你做事呢？

这个道理其实很简单。举个不太恰当的例子：我们在看马戏表演的时候，都知道它有这样一个节目，就是"小狗做算术"。每当驯兽员举起一块写着算式的牌子时，小狗都能准确地按照结果叫出相应的次数。每当小狗叫对了，驯兽员就会奖励它一块糖果，而小狗也会高兴地摇着尾巴，更有活力地继续表演。就这样，小狗总能博得观众的掌声。

连动物在得到奖励的时候，都能发挥出自己的潜能，更何况是人呢？人会积极自发地去做一些对自己有利的事情，管理者应该利用人的这一普遍特性，在企业中设立一些奖励，以激发员工的工作热情。

晚清名臣曾国藩和他的湘军，可谓是近代中国历史上的一段传奇。太平天国运动前期，清朝的正规军面对太平军几乎一触即溃，不得不依靠曾国藩建立的地方军队——湘军，镇压太平天国农民运动。

当时清朝军队的军饷还维持在清朝初年的水平，八旗绿营兵的步兵军饷一个月只有一两五钱，守兵一个月一两，骑兵军饷一个月二两，仅仅可以维持士兵的一般日常生计。

曾国藩认为，士兵的饷银和奖励太低，是八旗绿营兵战斗力低下、军中腐败的原因。为此，他专门制定了湘军官兵的俸禄制度，不仅大大提高了士兵的饷银，而且对在战场上勇猛杀敌的士兵一律重奖。这样一来，士兵的收入比之前提升了不止十倍，一时间士气受到极大鼓舞，战斗力大增。

用这样厚重的饷银来养兵，起到的效果自然是显著的，据记载，"陇亩愚氓，人人乐从军，闻招募则急出效命，无复绿营征调别离之色"。士兵军官有了丰厚的饷银收入，除了一部分个人生活所用外，大部分还能用来贴补家用，士兵们就可以安心操练，使湘军的战斗力得到大大提升，也改变了当时军队普遍存在的驯良荒废的形象。

据记载，曾国藩并不是个爱财的人，他甚至主动要求朝廷降低自己的俸禄。而在用人方面，他也从来不用那些为追求名利而来的人。这些都表明，曾国藩是一个淡泊名利、视金钱为粪土的人。但是在用兵上，他却一直主张以"利"来维持军心，以厚赏军队换来兵将拼命大战。他的这种治军方式，换来了一支凶猛无比的湘军。

曾国藩以重饷养兵，为清政府打造了一支能征善战的湘军。这样的做法，是值得每位企业管理者思考的。要知道，员工之所以追随你，是因为能够从你这里得到实实在在的利益好处。给员工以利益上足够的奖励，可以让他知道在你手下工作有发展的前途，从而一心一意为你做事情。

阿里巴巴总裁马云说过："奖金不是福利，而是奖励，它是通过努力挣来的，是对勤奋付出的同事的最大公平，同时也是激励所有阿里人去挑战更高的目标。它不可能人人都有，也不可能每个人都一样。奖金不是工资的一部分，而是因为你的业绩超越了公司对你的期望值，而额外增加的奖励。"

显而易见，要想打造一个具有凝聚力、坚不可摧的企业团队，以厚利优待员工是必要的手段。如果老板只想着让公司赚钱，员工就会对公司没有归属感；如果老板只会想办法压榨员工，员工就会想办法违规谋取收入；如果老板只强调业绩结果，员工就会牺牲公司的未来利益达成眼前的业绩；如果老板只会画饼诱惑员工，员工就会想办法另谋高就。

管理者要知道员工需要什么，以此作为激励，才能让员工发挥出他们的最大潜能。有时候，一笔奖金比 100 句废话要有用得多，给员工提供一些金钱上的奖励，可以激发他们更大的热情，让他们自发地用"心"为企业工作。

反之，如果你舍不得给员工奖励，员工也就舍不得给你卖力，效率自然就不高。管理者善用奖励，让员工把企业的利益当成自己的利益，才能有效地得到员工的心。所以，那些喜欢画饼的老板要留意了，可以不让员工吃得太饱，但千万不可以让员工饿着肚子，画饼还要让员工闻到饼香。

奖励是最能激发人的潜能和热情的激励，设立适当的奖励，可以有效地调动起员工的自觉性和责任感，这是一种直接的激励办法。企业领导者应该明白：物质利益是领导者驾驭下属最有效的手段，千万不能吝啬对下属的物质激励。同时，也必须要让员工明白：奖金是对昨天工作的肯定和对未来工作的期望，如果想要更多，就必须付出更多的努力。

福利与薪水同样重要

随着市场经济的发展和信息化社会的形成，人才流动越来越快，优秀人才变得越来越抢手。与此同时，企业发展越来越依赖员工的主动性与创造性。如何留住优秀的员工，福利制度成为企业制度的重要组成部分。

企业如果能够建立起一套好的福利制度，很大程度上能够提高员工的满意度和忠诚度，降低离职率，有效地激发员工的积极性，提升企业成本效率，获得竞争中的成本优势。

统计数据表明，越是在企业里追求长期发展的员工，越是认同福利而非高薪。留心观察一下，我们会发现，一些公司的工资在同类性质的企业中虽然处于中等偏下的水平，但是由于其时时能为员工创造良好的福利，仍然吸引了很多优秀人才。相反，一些薪资高而福利一般的企业，尽管初期靠高薪吸引了一些优秀人才，但由于福利不到位，这些优秀的人才还是会陆续选择离开。

因此，管理者若想激发员工的工作热情，除了给员工提供一定的物质奖励、让奖金与业绩接轨、不时给员工一个意外惊喜之外，还要加大福利方面的资金投入，充分发挥福利的激励功能。

前不久，刚刚大学毕业的小刚进入一家加工企业。对这位刚踏入社会的年轻人来说，他意外地发现，"天下没有免费的午餐"，在这个企业里似乎不成立。

"只要是上班，员工中午就可以在部门长那里领餐票去食堂吃饭。每餐两荤两素搭配，菜单一个礼拜之内保证不重样。"很快，小刚又发现，公司为员工提供的免费午餐并不仅仅是在食堂，竟然还有送上门的免费午餐。南方的夏天烈日炎炎，厂区面积很大，有些部门距离食堂很远，在外面走路很热，但只要提前说一声，食堂工作人员就会立刻把午餐装好盒，在最短的时间内用小车送到车间或者办公楼的指定进餐地点。除此之外，下雨天、加班走不开，都可以叫人送餐。

没过多久，企业的免费午餐竟然"升级"了！除了白班员工，上中班、夜班的员工也能吃上免费晚餐，种类和午餐一样丰富。这让企业里很多像小刚这样的年轻员工心花怒放，这简直比外边叫外卖还要方便。

企业这样的福利举措，通过小刚这些年轻人的社交圈迅速扩散。这些刚从校园走出来的年轻人在选择工作的时候，除了薪水，又多了一项考量对比的内容，那就是福利。众多招聘企业开始在福利上做文章，用来吸引人才。

当然，企业福利远不仅如此。小张所在企业的领导在谈及员工福利时说道："员工不是企业的负担，而是企业进一步发展的保障。企业每年在员工福利上的投入超过一亿元，虽然数额看起来巨大，但是很多事不能只算经济账。只要花在了该花的地方，只要能够让员工感受到企业对他们的尊重和关爱，他们就一定会用更努力地工作来回报企业。"

现在，许多企业把员工福利当成头等大事，几乎涵盖员工生产、生活的方方面面：大至五险一金、子女入学、员工培训再深造，小至免费体检、工作餐，等等。日本的一些企业更是想出不少特色福利措施。"失恋休假""免费酒吧"，就是典型例子。一家女性市场调研公司三年前开始实施"失恋休假"：因失恋造成难以从事工作的未婚职员，每年可以给予一次有薪假期。对此,企业管理者表示:"与其无法集中精神导致工作出现失误,还不如干脆让她放假休息。"

通常来说,高薪只是短期内人才在企业的价值体现,而福利则反映了企业对员工的长期承诺。完善的福利系统对吸引和保留员工非常重要,它是公司人力资源系统是否健全的一个重要标志。福利项目设计得好,能给员工带来方便,解除员工的后顾之忧,提升员工对公司的忠诚度,比高薪更能有效地激励员工。

如今的企业管理者已经意识到,福利管理模式确实可以吸引并留住大量的优秀人才,提高在职员工的工作干劲和企业忠诚度。那些能够经营多年并保持发展势头的企业,往往都是非常重视员工福利。

那么,管理者应该如何强化福利的激励作用呢?

首先,以员工的贡献为基础,福利制度也要遵照"多劳多得"的公平原则,这样才能将广大员工团结在一起,齐心协力,实现企业利润最大化。

其次,一定要公正兑现。比如,给某些员工发放特别福利时要依据政策,让其他员工心服口服,了解到该项福利确实是他应当享有的,从而避免一些不必要的员工矛盾。公正兑现的另一层意思,是指企业管理者要说到做到,言行一致，对员工做出的福利许诺，在时机成熟时一定要兑现，否则就有失于人，弄巧成拙。

还有就是，管理者要学会对企业的福利政策进行适当宣传。福利毕竟不像薪水和奖金那么实实在在，可以被看到，它是隐性的、内在的，所以企业应采取恰当的宣传渠道，将企业的福利政策告诉所有的员工。比如，把福利政策明明白白地写进员工手册，让员工周知企业有什么福利，不同的福利对自己的要求是什么，明确自己应该朝什么方向努力。这是企业应尽的义务，也是尊重员工知情权的需要。

总而言之，企业管理者一定要意识到福利对员工的重要性。它不仅可以吸引人才，招纳人才，也可以留住人才。更重要的是，相对于高薪和奖金，福利制度所体现出来的是企业对员工长期化的关注和期待，会让员工发自内心地感受到尊重和重视，这正是留住人才的最有力武器。

餐源卷

员工激励的终极手段——股权

2005 年 8 月 5 日，百度公司在大洋彼岸的美国纽约成功上市，3 小时之内股份从发行价的 27 美元冲到 150 美元。当时的媒体报道：百度上市，创造了 8 个亿万富翁、50 个千万富翁、200 多个百万富翁，百度员工中，一位前台小姐的手机被打爆，因为她也随着百度的上市成了百万富翁！

成为一名百万富翁乃至亿万富翁，究竟需要多长时间，百度给出的答案是 3 小时。这就是股权的魅力所在。当今这个金融资本爆发的时代，许多企业在对员工的激励手段上早已不仅仅限于高薪、奖金以及福利，它们开始用更高阶的激励手段留住人才，提升员工的重视度，这就是股权。

为什么股权拥有如此魅力？我们不妨先来了解一下"共同利益"这个概念。

世界上最坚不可破的是什么？是人与人之间的共同利益。只要存在共同利益，人们就会放下彼此的成见，愿意磨合，愿意退让，也愿意为同一目标相互协作，贡献出自己的力量。

一个企业就是这样一个利益共同体，它的性质注定了所有员工都需要为共同的前途努力。但是实际上，员工很难将自己当作企业利益共同体中的一员，而是倾向于把自己当作企业的打工者。

打工者这个称谓由来已久，古时候，他可能是地主家里的雇农，可能是商人店里的伙计，也可能是皇帝手下的大臣；现代，他们分散在三百六十行。唯一不变的是，打工者很难把雇主的事业当作自己的事业，事实上，他们将雇主当作剥削者，偷懒不是不敬业，而是让自己少受一些苦。

也有一些打工者具备一定的能力，他们靠着自己的努力提升自身价值，对这样的人才，每个公司都想极力挽留。让优秀的员工为企业尽心尽力，并长久地留在公司服务，这是每个管理者都想要解决的问题。因此，为了培养员工的归属感，企业管理者想了各种办法，其中让员工分享公司股票，成为股东，是现代企业想到的成功办法之一。

著名的微软公司 1975 年创办之时只有 3 名人员，如今已拥有 12 万名员工，市值超过 8000 亿美元，名列全球第二。在当今这个跳槽普遍盛行的时代，为什么微软能够"生产"数以千计的百万富翁，且对公司忠心耿耿？原因只有一个，那就是微软利用股权策略网罗并留住了众多的顶尖人才。

微软公司职员的主要经济来源并非薪水，股票升值是其主要的收益补偿。公司故意把薪水压得比竞争对手还低，创立了一个"低工资高股份"的典范，雇员拥有股票的比率比其他任何上市公司都要高。

对微软公司的每个人来说，奋斗目标非常明确，就是在激烈的市场竞争中脱颖而出，让市场接受公司，让公司股票上市并不断增值，最后员工持有的股票自然会增值，劳动就会得到充分补偿。这里的人，无论精力、才干还是热情，都是从未见过的，拼命工作蔚然成风，以至有时盖茨反过来要劝说大家不要过度加班。

多年来，微软公司通过股份参与的方式吸引和留住了众多有才能的员工，并且有效地激发了员工的工作积极性和创造性。微软不断成长为全球高科技巨人，被称为"迄今为止致力于 PC 软件开发的世界上最大、最富有的公司"，超过 2000 名的员工凭借股票期权成为百万富翁。

以调动人的积极性为主旨的激励政策，现在已经成为管理的基本途径和重要手段，员工持股计划正是这样一种新的激励方式。当微软公司的股票价格持续上涨时，员工的个人财富就会水涨船高。正因如此，在微软工作更富有挑战性，也更能吸引人才。

关于股权对员工积极性的激励，我们不妨再打一个形象的比喻：采取员工持股计划，使公司和员工的关系好比一艘行驶在茫茫大海上的小船，公司和员工就是船长和船员，那么，他们之间不论有多么深的矛盾和冲突，此刻唯一应该做的就是齐心协力，使小船安全抵达目的地。

由此可见，员工持股计划的奥妙就在于，将员工的收益与其对企业的股权投资相联系，可以将员工的个人利益同企业效益、管理和员工自身的努力等因素结合起来，使大家的行为与利益高度统一在公司的经营目标上，从而极大地激发员工对公司的关切度和参与工作的热情，这是一种明显的激励方法。

在如今这个快节奏的时代，人才的流动性越来越大，企业的领导者和管理者最关心的问题之一，就是如何留住优秀的员工。购股选择权和其他建立在股份基础上的鼓励措施，使员工的长期利益与公司的长远发展紧密结合在一起，对激励人才、留住人才非常有效。

此外，公司通过员工持股，可以构造出崭新的利益激励机制，真正实现员工当家做主。员工持股后成为公司的主人，而不仅仅是打工者，他们会把公司当成自己的家，而不仅仅是挣钱的地方。员工感觉到是为自己在工作，是为自己的家在添砖加瓦，公司内部的凝聚力无疑会得到极大提高。

总而言之，无论是在百度还是微软身上，我们都能看到股权对员工的强大激励作用。作为管理者，不妨多采用这种股权激励的方法来奖励员工，让那些真正有才华的员工多劳多得，多多持股，这样一来，就可以把优秀的人才牢牢地吸引在企业这艘大船上，从而更好更快地发展。

把员工的命运与企业连为一体

相信每个员工都曾思考过这样一个问题：工作是什么？是人生的必经之路，还是养家糊口的营生？还是爱好、梦想、人生意义？努力工作这件事，对每个人而言，究竟意味着什么，确实是一个值得深思的问题。虽然不同的人会有不同的答案，但是事实表明，对待工作的态度决定了一个人的成就，不仅仅是职场成就，还包括对人生的思考、感悟和收获。

著名的美国钢铁大王卡内基说过："为我工作的人，要具备成为合伙人的意愿和能力。如果他不具备这个条件，不能把工作当成自己的事业，我是不会考虑给这样人机会的。"

作为管理者，要努力让员工明白：不管职位高低，都要把企业当作自己的事业，把企业的事情当作自己的事情，以主人的心态努力奋斗。具备了这样的正确心态，才能在帮助企业发展的同时帮助到自己，而且能在将来的人生中不断提升自己，有所成就。

王峰是一家机械企业的市场总监，无论是在会议上还是私底下，他对下属说得最多的一句话就是："为企业努力，就等于为自己努力。"他对这句话可以说有着非常深刻的体会。

一开始，王峰只是企业生产线上的普通工人，后来自告奋勇申请加入营销行列，并且通过各项测试。那时企业的规模不大，只有 30 多个人，许多市场等待开发，而企业又没有足够的财力和人力，每个市场只能派一个人去，王峰被派往西部的一个市场，到那里之后，整个城市里举目无亲，吃住都成问题，同事们都苦不堪言。

但王峰坚信，这是在为自己工作，他一定能有收获的那一天。没有钱坐车，他就步行去拜访客户，向客户介绍企业的机械产品。为了等待约好见面的客户，他常常顾不上吃饭，因此落下了胃病。

在这样的艰苦条件下，人不动摇几乎是不可能的，但每次动摇时，王峰都会对自己说："我是在为自己努力，为了自己和企业，一定要坚持下去。"一年后，派往各地的营销人员回到企业，很多人不堪忍受工作的艰辛而离职了。在剩下的这些营销人员中，王峰的业绩是最好的，他终于凭自己过硬的业绩当上了企业的市场总监。

身处管理层之后的王峰，深知自己的成就离不开当初的艰苦付出，他也希望自己的每个员工都能够像当初的自己一样，把自己的命运与企业牢牢地系在一起。他常常告诫员工："在你努力拼搏奋斗的同时，你不仅收获了自己的人生，也收获了自己的前途，付出总会有回报，但是付出的时候若一心想着回报，结果就是另外一回事了。"

有位著名的企业家说过："一个人要想有所成就，最明智的办法就是选择一件即使报酬不多也愿意做下去的工作。"这句话所蕴含的道理，正是王峰的切身体会。当初那些因为无法忍受工作的艰辛而最终被淘汰的同事，看似为了自己的前途各奔东西，实则是在损害自己的前途和职业生涯，因为他们不明白：你在为企业努力的同时，也是在为自己的未来努力。

企业的管理者和领导者必须要让员工明白：工作的意义不仅仅是挣钱养家，不同的精神追求决定了人们会对努力工作这件事赋予不同的意义。只有在工作中认真付出，努力拼搏，才是真正的聪明才智，是提高自己能力的最佳方法之一。

从员工的角度来说，把企业的命运与个人的发展紧密联系起来，也是一种积极工作的良好心态。如果你用积极的人生态度和快乐的心态去工作，你就能享受到乐在其中的工作乐趣。对待工作其实跟对待人生一样，如果你热爱它，就能找到自己努力的动力，并且取得非凡的成就。

很多员工觉得自己的本职工作很苦，单调乏味，心里埋怨，因而也很难体会到工作的乐趣。因此，企业管理者的重要任务之一，就是让员工意识到自己的命运与企业的命运紧密相连，让员工真正享受到工作的乐趣和快乐，热爱自己的工作。

无论是管理者还是普通员工，都要认识到：努力拼搏，不仅是为了团队和企业，也是为了自己。只有这样，我们才能真真切切地感受到努力和奋斗的乐趣，做一个快乐、成功的人。